악마의 유혹,
검은돈과 금융사기

악마의 유혹,

검은돈과 금융사기

초판 1쇄 인쇄 2024년 7월 25일
초판 1쇄 발행 2024년 7월 30일

지은이 이철환
발행인 전익균

이 사 정정오, 김영진, 김기충
기 획 조양제
편 집 김혜선, 백연서, 전민서
표지디자인 최윤정, 페이퍼제로
본문디자인 얼앤똘비악
관 리 이지현
마케팅 (주)새빛컴즈
유 통 새빛북스

펴낸곳 도서출판 새빛
전 화 02)2203-1996, 031)427-4399 **팩스** 050)4328-4393
출판문의 및 원고투고 이메일 svcoms@naver.com
등록번호 제215-92-61832호 **등록일자** 2010. 7. 12

가격 20,000원
ISBN 979-11-91517-77-4(03300)

악마의 유혹, 검은 돈과 금융사기

이철환 지음

도서출판 새빛
SAEVIT

머리말

흔히 금융을 '경제의 혈맥'이라고 말한다. 이는 경제 각 부문에서 혈액의 역할을 하는 돈을 각 분야에 효과적으로 배분하여 국민경제가 건전하게 성장하고 제 기능을 발휘하도록 뒷받침하기 때문이다. 이제 우리는 단 하루도 금융의 도움 없이는 살아갈 수 없게 되었다. 사람들은 근로를 통해 받은 급여로 생활비를 충당하고, 자동차나 주택 등을 구매하기 위해 대출을 신청하고, 퇴직 후의 경제적 안정을 위해 투자를 하며, 사업 확장을 위해 자금조달 등의 다양한 금융거래를 하고 있다.

금융은 경제발전을 촉진하는 역할도 한다. 기업들은 투자를 통해 생산 능력을 확충하고 새로운 사업을 창출해 경제활동을 활성화하는데, 이때 금융기관들은 투자를 위한 자금을 제공해 준다. 또 금융시장에서 발생하는 주식, 채권, 파생상품 등의 거래는 자금 유통의 효율화를 도모하고 경제활동을 원활하게 만들어준다. 더욱이 경제사회구조가 복잡하고 다양해짐에 따라 금융의 기능은 한층 더 확장되고 있다. 특히 핀테크(FinTech) 기술의 발전은 금융거래의 효율성과 편의성을 크게 높여 놓았다. 이처럼 금융은 우리의 일상생활에 깊이 녹아들어 지대한 긍정적 영향을 미치고 있다.

그러나 금융 기능이 다양화되고 심화함에 따라 역기능 또한 점차 커지고 있다. 금융은 무분별한 욕구와 탐욕의 수단이 될 수도 있기 때문이다. 그 대표적 사례가 검은돈과 금융사기라 하겠다. 이러한 사기, 검은 뒷거래, 금융부실 사태 등의 문제가 발생하면 개인과 기업에 심대한 재정적 손실을 끼칠 뿐만 아니라 금융시스템 자체에도 큰 충격을 줄 수 있다.

그러므로 금융의 역기능이 생기지 않도록 사전에 방지하고, 그런 일이 일어나더라도 최소화하는 선에서 마무리되도록 해야 한다. 그러려면 이에 대한 이해와 사전지식이 필요하다. 이 책은 건전한 금융시장을 만들어가는 데 나름 조그마한 도움이라도 되었으면 하는 바람에서 만들어졌다.

이 책은 전체 3부로 구성되어 있다. 1부에서는 검은돈과 뒷거래의 유형과 행태, 그리고 이로 인한 경제 사회적 파장을 알아보았다. 2부에서는 금융사기의 각종 유형과 수법, 그리고 피해를 예방하는 방안 등을 기술하였다. 그리고 3부에서는 금융의 신뢰를 높이고, 우리 경제사회가 선진화되기 위한 제도와 관행에 대해 살펴보았다.

'검은돈'이란 정당하지 못한 목적을 위해 불법적인 방법으로 뒷거래하거나 취득하는 돈을 일컫는다. 촌지, 리베이트, 급행료, 기업의 비자금이나 탈세, 이면계약 등이 대표적인 사례가 된다. 이는 지하경제가 되어 경제가 정상적으로 작동하지 못하게 방해하고 있다. 또 이 뒷거래 관행은 우리 사회를 부정부패의 늪으로 끌어넣어 결국 망조가 들게 하는 악습 중의 악습이라 할 것이다. 나아가 이는 인간의 양심과 존엄성마저 갉아먹는 무서운 바이러스이기도 하다.

그런데 검은 뒷거래는 결국 부메랑이 되어 우리 자신에게 되돌아오게 된다. 뒷거래에 들어간 비용을 메우기 위해 또 다른 불법이 자행됨으로써 우리 경제사회의 총체적 부실을 초래하고 경쟁력을 훼손시킨다. 때로는 대형 사고를 유발하여 국가사회에 재앙을 불러오기도 한다. 심지어 경제사회 체제의 와해를 초래할 우려도 없지 않다. 따라서 이런 나쁜 관행은 뿌리부터 뽑아내야 한다. 이를 위해서는 엄정한 법 집행과 함께 의식개혁이 동반되어야 할 것이다.

금융사기란 금융거래 과정에서 타인을 속여 불법적으로 이득을 취하는 행위를 말한다. 금융사기는 피해자에게 금전적 손실, 신용점수 훼손, 정서적 고통, 법적 지위 손상 등 치명적인 피해를 초래할 수 있다. 금융사기의 직접적이고 구체적인 피해는 금전적 손실이다. 그러나 이보다 더 무서운 것은 사기를 당한 시점부터는 정상적인 사고방식이 어려워진다는 점일 것이다. 합리적 사고가 어려워지면서 일상생활까지도 무너지게 된다. 사기 피해자들은 우울증은 물론 분노 조절 장애, 대인기피증 등으로 수년간 고생한다. 심지어는 극단의 선택을 하기도 한다.

최근에는 고액의 투자수익을 노리는 젊은층이나 노후자금이 절박한 고령층 등 사회적 취약 계층을 상대로 사기범죄가 빠르게 증가하고 있다. 특히 고령층 피해는 문제가 한층 더 심각하다. 사기에 속아 넘어가 평생 벌어둔 노후자금을 한순간에 몽땅 날려버리고 좌절하는 사례가 심심찮게 벌어지고 있기 때문이다. 이와 함께 취업난, 등록금 부담 등 어려운 현실에 처한 대학생을 상대로 대출사기, 그리고 피싱 등 전기통신금융사기도 증가하는 추세이다.

금융사기 수법은 실로 다양하다. 더욱이 날로 그 양상이 진화하고 고도화되고 있다. 특히, 정보통신기술의 발전과 함께 개인정보 유출로 인한 금융사기의 피해가 커지고 있다. 사실 이 책에서 소개하고 있는 금융사기의 사례는 실제로 발생하고 있는 것들의 극히 일부에 불과하다. 더욱이 사기 사건은 인간의 본능적 욕구가 사라지지 않는 한 앞으로도 계속될 것으로 여겨진다. 그래서 우리는 모두 자칫 사기에 현혹될 우려가 없지 않다. 타인의 사기 사례를 보고 비웃던 사람도 판단 오류에 빠지면 사기 피해자가 될 수 있다.

그러면 사기에 당하지 않으려면 어떻게 해야 할 것인가? 기본적으로 조심하고 자제하는 방법밖에는 없다. 항상 기본에 충실한 정석 플레이를 해야만 한다. 일확천금의 유혹에 솔깃해서 무리한 투기를 하면 안 된다는 말이다. 그리고 투자에 대한 책임도 스스로 질 줄 아는 성숙한 습관과 태도를 지녀야 한다. 금융기관과 당국 또한 건전한 투자환경과 여건 조성을 위한 노력을 강화해 나가야 함은 물론이다. 아무쪼록 투자자들이 사기로 인해 손실을 보는 일이 없기를 바란다.

현대 자본주의 체제를 두고 흔히 '신용경제사회'라고 한다. 이는 개인의 신용이 공정하고 정확하게 평가되고, 이를 바탕으로 거래가 투명하게 이루어지는 시스템을 의미한다. 이 신용경제사회에서는 신용이 없으면 경제생활뿐만 아니라 일반적인 사회생활 자체가 불가능하게 된다. 특히, 신뢰를 기반으로 하는 금융산업이 신뢰를 잃으면 금융거래 및 서비스가 위축되기 때문에 경제 전반에 부정적인 영향을 미치게 된다. 경제 전체가 마비될 수도 있다. 우리는 금융에 문제가 생기면 경제 전체가 어려워진다는 사실을, 두 차례의 글로벌 금융위기를 통해 이미 비싼 비용을 치르고 교육받았다.

사회구성원 간의 신뢰구축도 중요하다. 사회적 신뢰는 사회구성원이 사회문제를 '우리의 문제'로 인식할 수 있게 하여 복잡한 사회적 갈등을 원만하게 해결할 수 있도록 하기 때문이다. 이와 함께 사회적 신뢰를 손상하는 행위에 대해서는 반드시 엄정한 사회적 제재가 가해져야 한다. 그래야만 실효성을 거둘 수가 있기 때문이다. 사실 그동안의 솜방망이 처벌 관행이 우리 사회에 사기죄가 끊임없이 발생하는 커다란 요인이 되어 왔다.

아울러 우리의 의식구조와 사회시스템도 더욱 선진화시켜야 한다. 이를 위해서는 윤리경영과 내부통제 기능의 강화, 자기책임 원칙에 기반한 합리적 투자, 부정부패의 척결과 스마트 정부의 구현 등이 필요하다. 이를 통해 우리 경제사회의 투명성과 효율성을 높이고 금융시장을 건전하게 발전시켜 나갈 수 있을 것이다. 그리고 선진 경제사회로 우뚝 설 수 있을 것이다. 이런 꿈이 한시바삐 이루어지기를 기원한다.

2024년 6월, 용인 수지의 누거에서...

목차

3장. 건전한 금융 질서와 관행의 정착

XXXX XXXX XXXX XXXX

1장

검은돈의 세계

'검은돈'과 지하경제

우리 사회에는 아직도 비리와 부패가 독버섯처럼 자라고 있다. 남의 눈을 피해 은밀하게 하는 정당하지 않은 거래를 뜻하는 뒷거래와 관련된 사건들이 여전히 여기저기서 불거져 나오고 있기 때문이다. 이 뒷거래 관행은 현실사회에서 촌지, 리베이트, 이면계약, 급행료 등 여러 가지 다양한 형태로 일어나고 있다. 그리고 그 매개체가 되는 것이 다름 아닌 바로 검은돈이다.

'검은돈'이란 무엇인가?

'검은돈'이란 일반적으로 이러한 뒷거래를 할 때 뇌물의 성격을 띠거나 그 밖의 정당하지 못한 방법으로 주고받는 돈을 일컫는다. 경제협력개발기구(OECD)에서는 검은돈을 불법적 무기 판매 및 밀수, 조직범죄, 횡령 및 내부거래, 뇌물수수 및 컴퓨터 사기 등 범죄행위를 통해 얻은 수입이나 이를 불법적으로 운용한 자금이라 정의하고 있다. 기업의 비자금이나 탈세 혹은 각종 뇌물 등을 통해 얻은 돈은 검은돈의 대표적인 사례가 된다. 꼭 돈이 아니더라도 부정한 거래를 위한 향응이나 뇌물로 받은 물건도 검은돈의 범주에 들어간다. 이러한 예는 나쁜 돈의 전형적인 모습이라 할 것이다.

어떤 거래를 체결하고자 할 때, 양 당사자 간에는 항상 '갑'과 '을'이란 위치 관계가 형성된다. 을은 갑에 종속되거나 아니면 매우 불리한 위치에 놓여 있다. 특히 을의 경쟁자가 많을수록 을의 위치는 더욱 불리해지게 된다. 물론 약자인 을은 「독점규제 및 공정거래에 관한 법률」 등에 의해 보호를 받지만, 현실은 그리 녹록지가 않다. 갑이 자신의 우월적 지위를 직접 또는 암묵적으로 행사하기 때문이다. 을은 계약을 성사시키기 위해 어쩔 수 없이 여러 가지 방법을 동원해 갑의 환심을 사려고 할 것이다.

그래서 리베이트, 촌지성 돈봉투 등의 음성적 뒷거래가 이루어지게 된다. 물론 이러한 음성적인 뒷거래는 원칙적으로 법으로 금지되어 있으나, 실제로는 광범위하게 일어나고 있다. 그래서 업계에서는 이를 공공연한 비밀이라고들 한다. 이 뒷거래 관행은 우리 사회를 부정부패의 늪으로 끌어넣어 결국 망조가 들게 하는 악습 중의 악습이라 할 것이다.

'검은돈'의 유형-촌지, 리베이트, 급행료, 이면계약

촌지란 원래 '마음이 담긴 작은 선물'이란 좋은 의미를 지닌 용어이다. 그런데 이 촌지가 우리 사회에서 문제로 제기된 것은 학교 특히 초등학교에서의 촌지 관행 때문이었다. 극성스러운 학부모들이 치맛바람을 앞세워 자기 자녀에게 특별히 더 신경을 더 써달라고 부탁하는 차원에서 돈 봉투를 비밀리에 교사에게 전달하는 관행이 일어나게 되었다. 물론 최근 들어 교육계 내부의 자정 노력과 당국의 단속 강화로 촌지 문화가 점점 사라지고 있기는 하다. 그런데 이 촌지 관행은 교육계를 넘어 정·관계, 언론, 기업 등 사회 전반으로 확산되었고, 그 규모가 촌지라고 하기에는 너무나 엄청나서 문제의 심각성을 키우고 있다.

리베이트(rebate)는 이미 지급이 된 금액 일부를 거래에 대한 보상의 의미로 지급처에 돌려주는 제도, 혹은 그 금액을 뜻한다. 제품 판매를 촉진하기 위한 수단으로도 사용되지만, 일반적으로 공급자가 구매자에게 거래대금 일부를 비공식적으로 되돌려주어 탈세나 비자금으로 활용케 하는 불법적인 보상 방식으로 더 많이 알려져 있다. 의약계가 가장 전형적인 모습을 보이지만, 제조업이나 건설업에서도 광범위하게 일어나고 있다. 이들 음성적 뒷거래의 문제는 결국 제품의 하자와 부실공사로 이어진다는 점이다.

현대사회의 모든 일은 속도전이다. 즉 시간은 돈인 것이다. 정해진 시간에 누가 먼저 도달하느냐에 따라 실패와 성공이 판가름 나게 된다. 그래서 민원인들은 급행료를 지급하더라도 어쨌든 일이 빨리 마무리될 수 있도록 뛰어다닌다. 급행료란 원래 일이 빨리 진행될 수 있도록 조장하기 위해 지급하는 일종의 수수료이다. 특급열차가 완행열차보다 비싸고 등기우편이 일반우편보다 더 비싼 것이다. 따라서 자본주의사회에서 급행료 지급은 당연히 합법적이다. 그런데 당연히 신속히 처리해야 할 일을 고의로 지체하여 민원인을 애타게 한다면 문제는 달라진다. 울며 겨자 먹기 식의 부당한 급행료 지급이 이루어진다.

이면계약은 동일한 계약관계에 대하여 상이한 다른 내용의 계약을 체결하는 것을 의미한다. 본 계약이 있는데 그 내용과 별개의 다른 내용으로 또다시 계약을 맺는 것으로, 이중계약이라고도 한다. 당사자 간에 '누이 좋고 매부 좋다'는 식으로 상호 이해가 맞아떨어지면 이를 실질적인 계약 내용으로 합의한다. 한편 이와는 별도로 대외발표용 계약서를 만들기도 하는데, 이는 세간의 따가운 눈총을 피하기 위한 눈속임에 불과하다. 이는 밀실에서 이루어지는 일종의 야합으로, 흔히 비자금 조성을 위해 이런 작태가 이루어진다.

'검은돈'의 폐해와 지하경제

이러한 음성적인 뒷거래 관행으로 인해 아직도 우리나라의 지하경제 규모가 GDP의 10%대에 이르고 있다. 지하경제(underground economy)란 정부의 세금을 피해 겉으로 드러나지 않는 경제를 뜻한다. 이 중에는 마약

매매, 성매매, 도박 등 위법행위로 이뤄지는 것과 정상적 경제활동이면서도 세무서 등 정부 기관에서 포착하지 못하는 것 등이 포함된다. 정상적 활동 중 지하경제에 속하는 것은 기업의 음성적 비자금이 대표적이다. 우리나라의 대표적인 지하경제는 사채, 부동산투기, 서화나 골동품 등의 투자, 아파트 입주권의 프리미엄, 특정업소허가에 따르는 권리금 등이다.

이는 세금의 회피뿐 아니라 자금출처나 사용처 등을 숨기기 위해 금융기관을 이용하더라도 가명이나 차명계좌를 사용하는 것이 보통이다. 따라서 지하경제의 규모를 정확히 추산하는 것은 매우 어렵다. 특히, 세무서의 추적을 회피하기 위해 현금으로 직접 거래되는 부분이 많아 더욱 그렇다. 지하경제를 '캐시 이코노미(cash economy)', 위법성을 들어 '블랙 이코노미(black economy)'라고 부르는 이유도 여기에 있다.

사실 우리는 그동안 지하경제를 줄이기 위해 부단한 노력을 기울여왔다. 1990년대 금융실명제와 부동산실명제, 2000년대 신용카드와 현금영수증 사용 확대가 중요한 역할을 했다. 최근에는 국세청이 해외의 조세회피 지역들과 조세협약을 맺는 등 역외탈세 방지에도 노력하고 있다. 이에 지하경제 규모는 줄어드는 추세이기는 하다. 한때 GDP의 30%까지 달했던 것이 최근에는 10%대 수준으로 떨어졌다. 그러나 아직도 여전히 OECD 회원국 평균치보다는 상대적으로 높은 편이다.

더욱이 우리나라는 국제사회에서도 부패의 정도가 여전히 높은 국가로 인식되고 있다. 반부패운동 비정부단체인 국제투명성기구(TI)는 2023년 국가별 부패인식지수(CPI, Corruption Perceptions Index) 조사결과를 발표했다. CPI는 공공부문의 부패에 대한 전문가와 기업인의 인식을 보여주는

13개 원천자료를 반영해 100점 만점으로 환산한다. 70점을 넘어야 '사회가 전반적으로 투명한 상태'로 평가되고, 우리나라가 위치한 50~69점대는 '절대 부패에서부터 벗어난 정도'로 해석된다.

평가 대상 180개국 중 국가 청렴도 1위는 100점 만점에 90점을 취득한 덴마크였다. 이어 핀란드(87점), 뉴질랜드(85점), 노르웨이(84점), 싱가포르(83점) 순이었다. 참고로 일본 16위(73점), 대만은 28위(67점)이다. 우리나라는 63점을 받아 180개국 중 32위를 차지하는 데 그쳤다. 이는 그만큼 우리 사회에 아직도 부정과 부패, 비리의 소지가 많이 남아있다는 사실을 방증하는 것이다.

검은 뒷거래는 결국 부메랑이 되어 우리 자신에게 되돌아오게 된다. 뒷거래에 들어간 비용을 메우기 위한 시도는 우리 경제사회의 총체적 부실을 초래하고 경쟁력을 훼손시킨다. 더 나아가 우리나라의 이미지와 브랜드에 엄청난 악영향을 끼치게 된다. 결국, 우리 제품과 서비스에 대한 평판이 나빠지게 된다.

때로는 대형 사고를 유발하여 국가사회에 재앙을 불러오기도 한다. 1970년대 와우아파트 붕괴와 대연각호텔 화재, 1990년대 성수대교와 삼풍백화점 붕괴, 그리고 2014년 300여 명의 꽃다운 젊은 학생들의 목숨을 앗아간 세월호 사고에 이르기까지 일일이 꼽을 수 없을 정도다. 이를 두고 혹자는 한국을 '사고 공화국'이라고 비아냥댔다. 이 사고들은 대부분 복합적인 요인에 의해 발생했지만, 검은 뒷거래가 그중에서도 가장 큰 요인이라는 사실이 밝혀지고 있다.

비자금과
횡령· 배임

세금추적이 어렵고 떳떳하지 못한 돈, 비자금

비자금(秘資金, slush fund, black fund)이란 세금추적을 할 수 없도록 특별히 관리하여 둔 돈을 통틀어 이르는 말이다. 무역과 일반 상거래에서 관례로 생기는 리베이트와 커미션(commission), 회계처리의 조작으로 생긴 부정한 돈 등이 모두 이에 해당한다. 사회 전반에 존재하고 있지만, 개인의 일상생활에서 만들어지는 것은 큰 문제가 되지 않는다. 문제는 기업과 정치권이 대규모로 비자금을 조성해서 사회를 어지럽힐 때이다.

일반적으로 비자금을 사용하는 목적과 사용처는 원칙을 벗어나는 떳떳하지 못한 경우가 많다. 따라서 좋은 목적의 돈이라 보기 어려워 부정적인 뉘앙스가 크다. 기업은 암암리에 조성한 비자금을 정치권이나 감독관청에 로비자금으로 뿌리고 다니기도 하고, 개인의 사사로운 용도에 유용하기도 한다. 이런 과정에서 기업은 기업대로 거덜 나고, 수많은 투자자와 회사종업원들도 피해를 보게 된다. 그리고 우리 사회를 온통 비리로 얼룩지게 만든다. 특히, 정부 활동에 영향을 미치는 비자금의 조성과 사용은 민주주의와 자본주의 체제 유지에도 커다란 걸림돌이 된다.

비자금은 조성하는 주체에 따라 기업 비자금과 정치 비자금으로 구분할 수 있다. 기업 비자금이란 기업의 공식적인 재무감사에서 드러나지 않으며, 세금추적도 불가능하게 특별관리하는 부정한 돈을 통틀어 말한다. 비자금을 조성하는 기업들은 일반 회계장부 외에 또 다른 장부 하나를 더 가지고 있다. 이른바 비자금 장부가 그것이다. 이처럼 비자금은 회계장부에 나타나지 않기에 기업들은 이를 통해 탈세효과도 거둘 수 있게 된다.

우리나라에서 '비자금'이라는 용어는 1987년 4월 범양상선의 불법 외화유출사건에 대한 국세청의 발표에서 처음 사용되었다. 1조 원의 부채에 시달리던 범양상선의 회장이 1,800만 달러를 해외로 빼돌린 사건이었다. 범양상선은 운항수입 누락과 경비 과다계상 등의 수법으로 검은돈을 마련했다. 이런 자금을 기업의 공식 장부인 A 장부에는 기재하지 않고 비밀 장부인 B 장부를 만들어 관리했다. B 장부의 B가 비밀의 비(秘)와 발음이 같은 것도 비자금이란 말의 확산에 영향을 미쳤다.

비자금은 이름 그대로 부정한 돈이지만, 기업인들은 여전히 이를 필요악으로 간주하는 경향을 보인다. 아직 우리 기업풍토에는 여전히 비자금이 조성될 수밖에 없다는 그런 얘기일 것이다. 사실 우리나라 대기업들치고 비자금 문제가 불거지지 않은 업체가 거의 없을 정도이다. 수많은 기업이 '비자금의 덫'에 걸려 곤욕을 치렀다. 과거의 잘못된 기업 관행에서 축적된 선대(先代)의 비자금을 정리하지 못했다가 문제가 불거진 사례도 적지 않았다.

2007년에는 우리나라 최대 기업인 삼성에서도 비자금 스캔들(scandal)이 터졌다. 이는 삼성그룹이 조직적으로 비자금을 조성, 관리하고 있다는 충격적인 증언과 정황 증거물이 그룹 내부의 핵심 관계자에 의해 제시되면서 불거졌다. 이후 삼성은 대내외 평판과 신뢰에 커다란 손상을 입게 되었을 뿐만 아니라 내부 경영상의 어려움도 겪어야만 했다.

비자금의 조성과 관리방법

그러면 기업들은 어떤 수법으로 비자금을 만들까? 비자금 조성방법은 매출 누락, 납품가격 조작, 접대비와 기밀비 조작, 임금 및 비용의 과다계상, 가공부채 계상 등 매우 다양하다. 또 해외법인이나 지사를 이용해 조성하기도 한다. 예를 들면 무역회사 사주인 A는 홍콩의 페이퍼컴퍼니(paper company)를 정상적인 중계 기업인 것처럼 위장해 무역대금 명목으로 해외 비자금을 조성한 뒤, 이를 부동산과 가상화폐 구입 등에 유용한 혐의로 구속되었다.

이처럼 다양한 방법 중에서도 비교적 수월하고 또 자주 활용되는 수법은 매출액을 조작하는 것이다. 가령 1백억 원어치를 팔아놓고 마치 50억 원어치만 판매한 것처럼 장부를 조작하는 경우이다. 50억 원이 고스란히 회계장부에서 빠지기 때문에 이 돈을 별도 관리하면서 비자금으로 활용한다. 그리고 물품 단가를 부풀리는 수법도 자주 활용되고 있다. 가령 1백억 원어치의 자재를 구입하면서 장부에는 2백억 원으로 기재해 그 차액을 챙긴다. 이 밖에 건설업계 등에서 하청을 주면서 리베이트로 받은 돈도 비자금이 된다.

그동안 우리나라 기업들의 비자금 조성 창구는 일반적으로 건설사로 알려져 왔다. 물론 제조업이나 금융회사 등에서도 조성하지만, 그 규모나 빈도 면에서 상대적으로 덜한 편이었다. 제조업은 비교적 원가 계산이 정확히 나오지만, 건설업은 주먹구구식으로 일을 처리해 온 것이 다반사였기 때문이다.

실제로 지난 오랜 세월 동안 대다수 건설현장에서는 인건비, 자재비 지출 내용 등에 관한 증빙자료를 완벽하게 조작하거나 부풀려서 올려보내는 것이 관행처럼 되어있었다. 물론 이제는 과거보다 많이 투명해졌다. 그러나 아직도 건설사의 어느 현장과 조직에서 정확하게 얼마의 돈을 사용했는지에 대한 구체적인 내역을 파악하기란 쉬운 일이 아니다.

조성된 비자금을 관리하기 위해서도 비정상적이거나 불법적인 방법을 동원할 수밖에 없다. 이에 비자금 조성자는 본인 명의로 된 은행 계좌가 아닌 가명과 차명계좌를 활용하거나 대포통장을 동원하기도 한다. 만약 자금 규모가 너무 커서 국내에서 관리하기가 어려우면, 스위스 비밀계좌에 예치하거나 조세피난처를 활용하기도 한다.

비축된 비자금을 활용하는 용처도 비정상이기는 마찬가지다. 다만, 기업 비자금과 정치 비자금은 용처 면에서 다소 다르다. 기업 비자금의 경우 일정 부분은 인허가권을 지닌 정부와 정치권에 사업승인 대가로 전달된다. 또 다른 일정 부분은 자신의 안락한 노후생활을 영위하는 데 사용되거나 혹은 자손에게 물려줄 상속재산으로 활용된다. 이에 따라 '기업은 망해도 기업주는 망하지 않는다'라는 이야기가 만들어지기도 했다. 이에 비해 정치 비자금은 자신의 권력을 유지해 나가거나 혹은 권좌에서 실각하게 되어 망명 도주할 경우를 대비한 것으로 알려져 있다.

권력형 비리와 연계된 정치 비자금

정치 비자금은 통상 권력형 비리와 연계되어 있다. 이는 주로 아프리카와 중동의 독재자와 정권이 불안정한 나라의 지도자들이 조성하고 있다. 특히 러시아 대통령 블라디미르 푸틴의 비자금 규모는 2021년 국제탐사보도언론인협회(ICIJ)의 폭로와 여타 국제기관의 조사결과에 따르면 약 1,250억 달러(160조 원)로 추정되는 것으로 알려졌다. 물론 이외에 상당수의 민주주의 국가 정치 지도자들도 비자금을 조성한 것으로 드러났다.

심각한 파벌정치가 고착화해 있는 일본 정치권도 2023년 연말부터 비자금 스캔들로 홍역을 치르고 있다. 이는 일본 집권 자민당이 '파티(party)'라고 부르는 정치자금 모금행사를 통해 비자금을 조성했다는 내용이다. 이로 인해 기시다 내각 지지율이 10%대로 떨어졌고, 결국 일본 자민당의 최대 파벌인 '아베파'가 45년 만에 완전 해산을 발표했다.

국내에서도 정치 비자금 스캔들이 다수 발생하였다. 1991년 수서지구 택지를 한보그룹에 특별분양하는 과정에서 일어난 수서 비리 사건, 1992년 현대상선사건 등은 기업의 비자금이 관료사회와 정치권 등에 뇌물로 흘러 들어간 것으로 드러나 커다란 사회문제가 된 사례들이다. 특히, 5공과 6공 대통령들의 비자금 스캔들은 우리 경제사회 전반에 엄청난 파장을 불러일으켰다.

비자금 조성의 통로인 횡령과 배임

이처럼 기업 비자금은 통상 회사재산을 빼돌려서 조성한다. 이는 기업은 물론이고 주주들에게도 손해를 입히는 전형적인 횡령과 배임 행위이다. 이렇게 볼 때 횡령과 배임은 비자금 조성의 통로가 된다고 할 수 있다. 실제로 기업과 금융기관에서 횡령과 배임 행위가 끊임없이 발생하고 있다. 더욱이 내부통제가 잘 이뤄진 것으로 신뢰받는 기업조차 횡령과 배임 사건에 휘말리고 있다. 최근에는 공공성을 지닌 금융기관에서 대규모 횡령 및 배임 사건이 연이어 일어나 파장이 커지고 있다.

금융감독원 자료에 따르면 2017년부터 2023년 9월까지 금융권에서 횡령한 임직원 수는 206명, 횡령액은 1,850억 원에 달했다. 또 이 기간 배임 임직원 수와 금액은 84명, 1,014억 원으로 집계됐다. 특히, 2023년 발생한 BNK경남은행 부동산 프로젝트파이낸싱(PF) 대출업무 담당자의 2,988억 원 규모의 횡령은 역대급으로, 고객의 신뢰를 크게 훼손시킨 사건이었다.

횡령이란 타인의 재물을 위탁받은 사람이 신뢰 관계를 배신해 불법으로 재물을 차지하는 행위이다. 쉽게 표현하면 보관하고 있는 타인의 돈이나 재산을 허락 없이 사용하거나, 그 반환을 거부하는 행위를 말한다. 이에 비해 배임은 타인의 사무를 처리하는 자가 임무를 수행하지 않고, 자신의 이익을 위해 몸담고 있는 회사 등에 재산상의 손해를 입히는 행위이다. 임무를 위배하는 행위라고 생각하면 쉽다.

횡령과 배임의 차이를 좀 더 구체적으로 알아보자. 가령, 어느 회사에 회사 업무비를 관리하는 X 부장이 관리하던 회삿돈 수억 원을 빼돌렸다면 이는 횡령에 해당한다. 즉, 횡령의 뜻은 회사의 재산을 가로챘다는 것이다. 이에 비해 회사의 자재관리 담당 Y 부장이 납품회사를 선정하면서 B 업체가 훨씬 좋은 조건을 제시했음에도 불구하고, A 업체의 사장이 자신의 친구라는 이유로 A 업체를 선정했다면 이는 배임에 해당한다. 다시 말해 배임이란 회사의 이익을 지켜야 할 임무를 어긴 것을 뜻한다.

이렇게 볼 때 배임과 횡령의 차이는 남의 돈을 이미 빼돌린 것이냐, 아직 돈은 빼돌리지 않았으나 손해를 보게 한 것이냐의 차이라고 할 수 있다. 즉 남이 믿은 것을 배신한 것은 공통이지만, 어떤 방식으로 신뢰를 훼손했느냐의 차이가 생긴다.

횡령죄와 배임죄의 관계 또한 마찬가지다. 양자는 재산상의 침해를 초래하는 재산범죄이며 타인의 신임관계를 배신한다는 공통점이 있다. 하지만 이 둘은 죄를 저지르는 주체와 죄의 객체에서 차이를 보인다. 횡령죄와 배임죄의 행위 주체는 각각 타인의 재물을 보관하는 자, 타인의 사무를 처리하는 자이다. 또 각각의 행위 객체는 재물과 재산상 이익으로 구분된다.

검은돈으로서의 암호화폐

디지털 화폐의 한 종류인 암호화폐

'암호화폐(crypto currency)'란 보안을 위해 암호를 사용하여 새로운 코인을 생성하고 거래내역을 검증하는 디지털 화폐의 한 종류이다. 이에는 2009년에 개발된 비트코인(Bitcoin, BTC)을 비롯하여, 이더리움(Ethereum, ETH), 테드(Tether), 라이트코인(Litecoin) 등 수많은 알트코인(Altcoin, Alternative coin)들이 존재한다.

암호화폐 투자자들 사이에서는 이들을 그냥 코인(coin)으로 부르는 경우가 많다. 또 실물화폐와는 달리 실체가 없다고 해서 '가상화폐', '가상통화'라는 명칭을 사용했다. 그러나 2019년 2월 OECD의 국제자금세탁방지기구(FATF)에서 '가상자산(Virtual Assets)'으로 통일하면서 우리 정부도 바꾸어 가는 중이다.

암호화폐(crypto currency)는 2009년 세상에 선을 보인 이후 10여 년 만에 빠른 속도로 인기를 얻게 되었다. 이는 암호화폐가 기존 법정화폐(fiat money)가 지닌 인플레 우려, 휴대의 불편성, 적지 않은 환전 수수료 등의 한계들을 해소해 주는 측면이 있기 때문이다. 여기에 투자가치와 장래 발전 가능성 또한 큰 편이다. 이런 이유로 암호화폐가 한창 인기를 끌 무렵인 2010년대 중후반에는 금이나 달러를 대체하는 기축통화가 될 것이라는 기대를 모으기도 했다. 특히, 대장 격인 비트코인에 대해서는 '디지털 골드(digital gold)'라고들 불렀다.

암호화폐의 장단점

그러나 여전히 암호화폐가 기존 법정통화를 대체할 것인지에 대한 의구심은 물론이고 암호화폐가 지닌 부정적 문제에 대해서도 우려가 적지 않다. 이에는 여러 가지 요인이 있다.

첫째, 아직도 사용에 여러 가지 불편이 따르고 있다는 점이다. 얼마 안 되는 결제업소, 거래소마다 다른 환율, 긴 결제 시간 등이 문제점으로 지적되고 있다. 둘째, 급격한 가격 변동성을 나타내고 있어 가치저장의 수단으로서도 불안정하다. 사실 암호화폐 대표 격인 비트코인도 급격한 가치등락의 위험성이 여전히 존재한다. 비트코인은 2011년 초 개당 1달러에 불과하였다. 그러나 2021년 11월에는 그때까지 최고점인 6만 9천 달러에 이르렀다. 이후 2022년 5월 '테라-루나' 사태 이후 혹한기를 맞으면서 2022년 말에는 1만 6천 달러 이하를 기록하였다.

그러나 2023년 3월에 발생한 실리콘 밸리 은행(SVB, Silicon Valley Bank)

파산사태 이후 은행 시스템에 대한 불안감 등으로 다시 상승세를 이어가고 있다. 2024년 3월에는 7만 3천 달러를 찍으며 기존 최고치를 새로이 경신하기도 했다. 이후 다소의 조정기를 거치며 2024년 7월 기준 6만 달러 선에서 횡보하고 있다.

셋째, 역설적이지만 국가기관 등의 통제를 받지 않아서 존립이 불투명하다는 문제점이 있다. 만약 유통에 문제가 발생하면 하루아침에 그 존재가 사라질 수도 있을 것이다. 넷째, 익명성이라는 특성으로 인해 비자금 축적, 돈세탁, 무기거래, 마약구입 등 불법적인 행위에 악용될 소지도 있다. 이런 인식을 바탕으로 국제사회에서는 암호화폐에 대한 규제를 강화해 나가고 있다.

장점	단점
거래의 투명성/수신 및 발신 계좌, 이체내역과 기록, 지갑 잔액 등 모두 조회 가능	가치 변동성/정부의 뒷받침 없이 사용자들의 신뢰에 의존함에 따라 일시에 존재가 사라질 가능성
거래의 간편성/거래의 생성과 이용 시 신원증명 절차가 없어 익명으로 거래 가능	익명성으로 인한 검은돈/ 다크웹, 마약 거래나 무기거래와 같은 불법 시장에서 널리 사용
전 세계 24시간 이체 가능/P2P 네트워크 활용으로 전 세계 언제 어디서나 이체 가능, 수수료도 낮음	해킹/암호화폐 자체는 해킹이 어렵지만, 이를 이용한 서비스는 익명성으로 해킹의 주 대상이 됨
보안성/블록체인 기술 덕분에 이체내역의 변조가 불가능	관리의 어려움/비밀번호 또는 개인 key를 분실하면 복구 불가능

암호화폐를 검은돈으로 활용하는 사례

검은돈이 암호화폐로 들어가고, 암호화폐는 또다시 검은돈으로 활용되는 악순환 속에서 암호화폐는 검은돈이라는 인식이 날로 증폭되고 있다. 실제로 암호화폐는 다크웹, 마약 거래나 무기거래와 같은 불법 시장에서 널리 사용되고 있다. '다크웹(dark web)'은 일반적인 검색 엔진으로는 찾을 수 없어 특수한 경로를 통해서만 접근할 수 있는 웹사이트다. 검열을 피하고 익명성이 보장돼 거래추적이 어렵다는 점을 악용해 해킹, 불법 금융, 마약 거래, 음란물 등 주로 불법적인 정보가 거래되며 범죄의 통로가 되고 있다.

암호화폐를 검은돈으로 활용하는 대표적 사례는 북한에서 찾을 수 있다. 가상자산 업계는 북한을 '크립토 수퍼파워(crypto superpower)'로 묘사한다. 북한은 해커들이 탈취해 온 암호화폐를 무기 개발 등의 자금줄로 쓰고 있다. 미국은 북한이 개발하는 미사일 프로그램 비용 중 3분의 1은 암호화폐를 세탁한 돈에서 왔다고 의심하고 있다.

2024년 5월에도 UN 안전보장이사회 산하 대북 제재위원회는 북한이 2023년 말 가상화폐 거래소 HTX에서 1억 4,750만 달러 가상화폐를 탈취한 후 가상화폐 믹싱(mixing)업체를 통해 세탁했다는 내용의 자료를 제시했다. 아울러 총 5,470만 달러 규모의 가상화폐 탈취 사건 11건을 조사한 결과, 이들 중 상당수는 소규모 가상자산 관련 기업이 부적절하게 채용한 북한의 정보기술 노동자들에 의해 이뤄졌을 것으로 추정된다고 판단했다.

한편, 랜섬웨어를 이용하는 해커들도 암호화폐를 불법거래, 돈세탁 등 각종 범죄에 활용하고 있다. '랜섬웨어(ransomware)'란 사용자의 문서 등 중요 파일을 암호화하여 파일을 사용할 수 없게 만든 후, 암호를 풀어주는 대가로 금품을 요구하는 것을 뜻한다. 랜섬웨어는 워너크라이(WannaCry) 사태로 그 절정에 이르렀다. 이는 Microsoft Windows를 사용하는 컴퓨터를 대상으로 하는 랜섬웨어로, 'Wannacrypt'라고도 불린다.

2017년 5월 12일에 대규모 공격이 시작되어 전 세계적으로 많은 컴퓨터에서 심각한 피해가 발생하였다. 감염되면 컴퓨터 내의 파일(file)들이 암호화되어 버리며, 파일 몸값으로 비트코인 300달러를 요구하는 메시지가 화면에 뜬다. 프로그램이 처음 실행되는 시점에서 300달러 상당의 비트코인을 요구했다가 3일이 지나면 두 배인 600달러로 늘어나며, 7일이 지나면 아예 파일 복구를 불가능하게 만든다.

암호화폐가 범죄로 활용되는 방식과 행태도 점차 고도화되고 다양화되고 있다. 이는 그동안 암호화폐는 주로 랜섬웨어나 마약유통 시 대금결제 수단으로 쓰였지만, 점차 사기와 횡령 등 다양한 범죄 수단으로 확산하고 있음을 의미한다.

또 기존 금융회사에서 발생한 사기 수법이 암호화폐거래소를 통해서도 고스란히 나타나고 있다. 예를 들면, 악성코드에 감염된 암호화폐 사용자가 정상적인 거래소 인터넷 주소로 접속했더라도 위장된 피싱 사이트(phishing site)로 연결된다. 따라서 여기에 입력한 ID와 비밀번호가 탈취되고, 이후 계좌에서 암호화폐가 인출된다. 또 암호화폐거래소 홍보로 위장한 허위 광고 배너(banner)도 있는데, 이 경우 피해자가 광고를 누르면 피싱 사이트로 연결되고 암호화폐 금융정보가 탈취된다.

검은돈이 암호화폐로 유입되는 이유

그러면 이처럼 대규모 검은돈이 암호화폐로 흘러가도록 만드는 유인은 무엇일까?

첫째, 전술한 바와 같이 암호화폐는 익명성이 보장되기 때문이다. 익명성이란 주로 '누가', '누구에게', '얼마를' 보냈는지, 즉 송신자와 수신자, 송금 규모를 외부에 드러내지 않는다는 것을 뜻한다. 대부분의 암호화폐 거래는 익명으로 이루어질 수 있다. 이는 검은돈을 추적하기 어렵게 만들며, 불법 활동을 하는 사람들에게 편리함을 제공한다.

물론 거래자의 암호화폐 주소를 찾기만 하면 언제 얼마만큼의 돈을 누구에게로 보냈는지를 조회해 볼 수 있기에, 익명성 보장이 어불성설이란 주장이 없지 않다. 그러나 여러 주소를 사용하는 경우 거래자와 암호화폐 주소 사이의 연관성을 찾기가 힘들어진다. 더욱이 해외 거래소를 이용할 경우 해외 수사기관과의 공조가 쉽지 않기에 추적이 거의 불가능해진다. 아울러 익명성이 한층 더 강화된 암호화폐, 즉 다크코인(darkcoin)들도 출현하였다. 이는 기존의 암호화폐와는 달리 거래 내역 정보를 완전히 감추어 자금세탁이나 범죄에 악용될 가능성이 큰 암호화폐를 뜻한다. 이에는 모네로(Monero)를 위시하여 대시(Dash), 제트캐시(Zcash) 등이 있다.

최근에는 믹싱(mixing) 수법까지 출현하였다. 이는 여러 사람이 입금한 가상화폐를 한 곳에 섞은 뒤 발급된 인증코드로 어디서든 찾아갈 수 있도록 하는 서비스로, 입금자와 출금자의 연결고리를 끊어 추적을 어렵게 한다. 더욱이 믹싱 사업자들이 랜섬웨어 사업자들과 파트너십을 맺기 시작하면서 문제는 한층 더 심각해지고 있다. 집중 단속을 받게 된 랜섬웨어 공격자들이 탈취자금을 암호화폐 믹싱 기법으로 보호해 주면, 대신 랜섬웨어의 수익금을 일정 비율로 나누는 식이다.

둘째, '블록체인(block chain)' 기술을 기반으로 탈중앙화, 디지털 형태로 거래되기 때문이다. 디지털 화폐인 암호화폐는 중간 금융기관을 거치지 않고도 이체를 할 수 있기에 국경을 넘는 자금 이동을 쉽게 하고 있다. 따라서 해커나 범죄자로서는 통장으로 아날로그 화폐를 건네받는 것보다 디지털 화폐인 암호화폐를 받는 게 훨씬 더 안전하다. 그 결과 불법자금을 국제적으로 이동시키거나 숨기는 데 암호화폐가 이용되고 있다.

셋째, 기술적 어려움 때문이다. 암호화폐는 기존 금융시스템과는 다른 기술적 구조를 지니고 있어, 불법 활동을 감지하고 막는 데 어려움을 겪을 수 있다. 이에 암호화폐를 사용하면 세금을 회피하거나 불법 수입을 정당하게 보이도록 자금을 세탁하는 것이 상대적으로 수월해진다. 특히 상속세와 증여세의 경우 암호화폐를 누구에게 얼마를 주었는지, 준 사람과 받은 사람 이외의 3자는 일체 알 수 없다. 또 송금기록과 수금기록 등 거래에 관련된 기록은 모두 공개되어 있으나, 그것이 누구인지는 알 수가 없다. 이에 따라 비트코인 등 암호화폐가 상속과 증여에 활용되는 사례가 늘어나는 추세이다.

끝으로 암호화폐거래소도 자금세탁 등 음성 거래에 자주 악용되고 있다. 특히, 장외거래소(OTC, Over the Counter)는 당국의 관리 감독이 어려워 더욱 그러하다. 2024년 1월, 수천억 원대 암호화폐 거래를 불법 중개한 범죄자들이 재판에 넘겨졌다. 이들은 2021년 3월부터 2023년 11월까지 미신고 가상자산 장외거래소를 통해 5,800억 원대 규모의 암호화폐를 불법 거래한 혐의를 받는다. 범죄자들은 보유한 가상화폐를 현금화하려는 이들로부터 시세보다 싸게 매수한 후, 비싼 가격에 구매자에게 되파는 수법으로 수익을 올렸다. 카지노 자금 등 검은돈을 세탁하고 싶은 세력과 코인을 싸게 사 차익을 누리려는 투자자의 심리를 파고든 것이다.

정부는 암호화폐의 익명성을 악용한 범죄를 방지하기 위해 많은 노력을 하고 있다. 특히, 암호화폐거래소의 KYC 체제를 구축하였다. 'KYC(Know Your Customer)'란 금융기관이 은행 계좌 예금주의 신분을 확인하기 위해 반드시 따라야 하는 일련의 규정으로, 국제자금세탁방지기구 FATF 주도로 제정되었다.

암호화폐거래소는 KYC 정보를 바탕으로 해당 사용자의 이력 조회를 하고, 이를 통해 지갑을 불법적인 용도로 활용할 가능성이 있는지를 가늠하게 된다. 우리나라는 2020년 7월, 「특정 금융거래 정보의 보고 및 이용 등에 관한 법률(특금법)」을 개정하여 가상자산사업자에 대해서도 기존 금융기관과 같은 수준의 자금세탁 행위 및 공중협박 자금조달 행위의 효율적 방지를 위한 의무 준수를 부과하였다.

'중앙은행 디지털 화폐(CBDC)' 도입

한편, 이러한 기존의 암호화폐가 지닌 부작용을 해소한다는 차원에서 중국 등 세계 주요국들은 중앙은행 디지털 화폐(CBDC) 도입 문제를 적극 검토 중이다. 'CBDC(Central Bank Digital Currency)'는 암호화폐와 같이 블록체인 기술에 기반을 두고 있다. 그러나 중앙은행이 발행하는 만큼 가치가 고정되어 있을 뿐만 아니라, 거래 내역도 추적할 수 있다. 이에 기존 암호화폐가 지닌 문제점인 탈세나 자금세탁 등의 검은돈 이슈를 해소할 것으로 기대되고 있다.

중앙은행은 CBDC를 통해 개인의 금융거래를 거의 빠짐없이 확인할 수 있다. 이는 CBDC의 경우 어떤 방식으로 거래하든 기록이 무조건 장부에 남기 때문이다. 따라서 지하경제를 조성하거나 비밀 거래를 할 수 없기에 암시장을 줄이거나 자금세탁을 방지하는 효과가 있다. 즉 모든 거래상황을 정부가 실시간으로 감시한다면 경제범죄를 방지할 수 있다는 것이다.

하지만 CBDC 활용에 따른 우려와 문제도 있다. 우선 무엇보다도 큰 문제는 CBDC가 개인의 사생활을 통제하는 이른바 '빅브러더(Big Brother)' 도구로 전락할 위험이 있다는 것이다. 중앙은행이 CBDC를 매개로 개인의 자금 흐름을 추적하며 국민경제 활동 전반을 감시할 수 있다. 또 개인의 거래 내역을 다 들여다볼 수 있기에 개인정보 침해의 위험성이 따른다. 이에 민주주의 국가조차도 영장이 없는 계좌 조회 같은 위법을 저지르지 않는다는 보장이 없고, 중국처럼 감시가 일반화된 나라에서는 마음대로 들여다볼 수가 있다.

그러나 이러한 우려에도 불구하고, CBDC가 지닌 여러 장점과 디지털 시대로의 전환 추세에 부응하기 위해 세계 각국은 CBDC 연구와 도입에 힘을 쏟고 있다. 주요국가 중에서는 중국이 앞서가고 미국, EU, 일본 등 선진국이 뒤쫓아가는 형국이다. 우리나라도 2018년 한국은행이 CBDC 공동연구 TF를 발족하면서 연구를 진행 중이다.

리베이트

리베이트란?

리베이트(rebate)는 이미 지불이 된 금액 일부를 거래에 대한 보상의 의미로 지불처에 돌려주는 제도, 혹은 그 금액을 뜻한다. 제품 판매를 촉진하기 위한 수단으로 흔히 사용된다. 스마트폰을 구입할 때 받는 판매지원금도 리베이트에 해당한다. 하지만 일반적으로 리베이트는 공급자가 구매자에게 거래대금 일부를 비공식적으로 되돌려주어 탈세나 비자금으로 활용케 하는 불법적인 보상 방식으로 더 많이 알려져 있다.

리베이트는 오랫동안 일반 상거래에서 통용돼 온 관행이다. 액수가 통상적 관행에 크게 벗어나지 않는 적정한 리베이트는 할인 또는 경품 제공과 유사하다. 물건을 많이 구매한 거래상대방에게 사후 정산 때 할인해 주거나 덤으로 더 주는 경우가 대표적인 예다. 이러한 리베이트는 구매장려금의 성격으로 법에 위반되지 않는다. 하지만 대가성을 가지면서 액수가 정상적인 거래 관행에 비추어 과도한 경우 문제가 될 수 있다.

기업이 리베이트를 하는 목적은 통상 다음과 같다. 첫째는 고객유치의 목적이다. 리베이트는 신규 고객을 유치하고 기존 고객을 유지하는 데 효과적이다. 이는 할인이나 환불 혜택이 구매 결정에 중요한 요인으로 작용하기 때문이다. 그러나 리베이트 프로세스가 복잡할 경우 고객의 만족도가 오히려 감소할 수도 있다.

둘째는 재고 관리 목적이다. 특정 제품의 재고가 넘치거나 제품수명주기의 끝자락에 다다랐을 때 이를 빠르게 소진하는 데 도움을 준다. 셋째는 마케팅 정보수집을 위해서다. 리베이트를 신청하려면 고객이 개인정보를 제공해야 하는데, 이는 기업이 마케팅 전략을 세우고 고객 행동을 분석하는데 유용한 데이터로 활용할 수가 있다.

리베이트의 유형

리베이트의 종류는 크게 3가지로 나눌 수 있다. 우선, 현금 리베이트는 가장 일반적인 형태로 고객은 제품을 구입한 이후 현금을 돌려받는다. 또 즉시 할인 리베이트는 구매 시점에서 바로 할인이 적용되는 형태로, 고객은 제품 구입 시 할인된 가격으로 제품을 구매할 수 있다. 그리고 미래 구매 크레딧(credit)은 고객이 다음 구매 시 사용할 수 있는 크레딧을 제공하는 것으로, 이는 고객의 재방문을 유도한다.

또 리베이트의 행태는 소매형과 도매형으로 구분할 수도 있다. 우선 소매형 리베이트 제도는 판매과정에 적극 참여하는 구매자나 소비자에게 혜택을 주기 위한 것이다. 이는 특정 상품을 특정 시기나 장소에서 구매하는 경우, 쿠폰이나 바코드 인식을 통해 신청한 고객에게 일정 금액을 적립하거나 되돌려주는 방식을 주로 취한다. 또 가격 인상이 불가피한 경우 일단은 인상된 가격으로 상품을 출시하고, 그 차액에 대해서는 연락을 해오는 고객에게 할인의 형태로 되돌려주는 방식도 있다. 이러한 방식을 통해 소비자는 상품구매 과정에서 할인의 혜택을 누릴 수 있게 된다. 판매자 또한 소비자의 연락처를 확보할 수 있으며, 이 정보들을 마케팅의 목적으로 활용할 수 있는 장점이 있다.

한편, 도매나 도급과 같이 거래 규모가 크고 대금이 일정하지 않은 기업 간 거래에서의 비밀 리베이트는 불공정하거나 불법 거래의 동기가 되기도 한다. 가령 경쟁이 제한된 거래구조에서 우월적 지위를 지닌 구매자는 비자금을 확보하거나 탈세를 목적으로 리베이트를 요청하기도 한다. 이 경우 판매자는 실제 장부상의 매출액보다 수익이 줄어드는 어려움을 감수해야 하며, 회계장부를 작성할 때 리베이트에 해당하는 금액을 사실과 다른 비용으로 기록할 수밖에 없다. 따라서 적법하고 투명한 회계관리를 할 수 없게 된다.

의료분야의 리베이트

이와 같은 불법적인 리베이트가 가장 많이 일어나는 분야는 의료분야이다. 의사들은 오랫동안 제약회사에서 리베이트를 받아왔다. 특정 제약회사의 약을 처방해주고, 그 대신 약값의 몇%를 리베이트로 받는 형식을 취한다. 우리나라의 리베이트는 근본적으로는 왜곡된 의료보장 체계와 제네릭 의약품의 난립 때문이라고 해석할 수 있다. '제네릭(Generic)'은 신약으로 개발한 약이 특허 기간이 만료된 후 동일성분으로 다른 회사에서 생산하는 약으로, 복제약이라고도 한다. 제형이 같을 수도 다를 수도 있지만, 약효는 본래의 약과 동일하다.

신약개발 과정에는 엄청난 규모의 자금과 시간이 소요되며, 성공확률도 높지 않다. 또한, 신약개발이 이뤄진다고 하더라도 약값을 스스로 결정할 수가 없다. 이는 약값은 건강보험정책심의위원회 심의를 거치는 등 엄격한 관리제도를 받고 있기 때문이다. 이에 따라 우리나라의 제약업계는 약품을 스스로 개발하는 일이 드물다.

반면, 제네릭은 신약 개발비는 절감하면서도 오리지널(Original) 약의 절반 이상에 달하는 비교적 높은 약값을 받을 수 있다. 따라서 제약업계 입장에서는 개발비 부담이 클 뿐만 아니라 약값도 제대로 받을 수 없는 신약개발보다는 해외에서 개발된 오리지널 약품을 복제하여 판매하는 것이 수익창출에 유리한 실정이다. 그런데 이 복제약 판매의 결정권은 사실상 의사가 가지고 있다. 이에 제약회사는 의사에게 로비로 제공하는 리베이트보다 수익이 더 많다면, 언제든지 리베이트를 할 준비가 되어있는 구조가 만들어지게 된 것이다.

리베이트 형태는 금전을 직접 주고받는 것이 가장 일반적이다. 그런데 현금으로 주는 리베이트가 '쌍벌제'가 시행되면서 점차 줄어드는 추세이다. 대신 각종 세미나와 모임 지원, 식사 접대, 상품권 제공, 명절 떡값, 값비싼 선물, 골프 접대, 각종 심부름, 해외 출장 알선 등으로 변질되고 있다. 이러한 불법적인 행태들이 그동안에는 주로 사회비용을 증가시키는 뇌물이라는 측면에서 비판을 받아왔다. 그런데 최근에는 사회적 강자에 의한 갑질이라는 측면에서 더 강한 비판을 받고 있다. 병원 기자재와 소모품 구입을 제약회사에 요구하거나, 심지어는 개인적인 심부름과 인사청탁 등의 갑질 사례가 빈번하게 적발되고 있기 때문이다.

더욱이 편법을 동원한 의료인과 제약사의 유착방식은 날이 갈수록 진화되고 있다. 대표적인 사례가 '판매 대행 영업사원(CSO)'을 통한 유착관계 형성이다. 'CSO(Contract Sales Organization)'란 의약품 판촉영업자를 의미하며, 바로 제약사로부터 영업을 위탁받아 판매행위를 하는 도매상을 말한다. 제약사들이 CSO를 활용하는 이유는 CSO와 파트너십(partnership)을 체결해 일정한 수수료만 부담하고 의약품 판매를 위탁하여, 의약품 개발 및 생산에 전념할 수 있는 장점이 있기 때문이다.

그러나 동일 효능의 제네릭 의약품이 수십~수백 가지나 되는 과당 경쟁 구조에서 제약사와 의료인 사이에 중간 단계를 거치도록 해 불법 리베이트 수사와 처벌을 회피하는 수단으로 악용되고 있다. 즉 제약사들은 CSO를 리베이트 창구로 악용하면서, 불법이 적발되면 꼬리 자르기로 책임을 회피하는 방식으로 활용해 왔다. CSO가 「약사법」상 의약품 공급자에 해당하지 않아, 리베이트 수수금지 관련 처벌을 피할 수 있었기 때문이다.

이를 방지하기 위해 2024년 10월부터는 CSO 신고제를 시행하게 된다. 주요 내용은 미신고 CSO에 대한 판촉업무 위탁금지 및 이를 위반한 제약사는 처벌할 수 있게 한 것이다. 이외에도 CSO 종사자 리베이트 금지 교육 의무 부여, 판촉업무 CSO 위탁 시 위탁계약서 작성 및 보관 의무 부여, 판촉업무 재위탁 시 해당 업무 위탁한 의약품 공급자에게 서면으로 고지의무를 부여하였다.

불법 리베이트 근절 방안

그동안 정부는 불법 리베이트를 근절하기 위해 많은 노력을 기울여 왔다. 특히, 2010년부터는 「의료법」, 「약사법」, 「의료기기법」, 「국민건강보험법」 등을 통해 리베이트 수수자는 물론 제공자도 처벌하는 '쌍벌제'를 적용하고 있다. 그리고 의약품 공급자, 의료기기 판매업자 등은 의료인 등에게 제공한 경제적 이익 등에 대한 지출보고서를 작성하여 5년간 보관하도록 정하고 있다. 아울러 제약업계도 자율적인 공정경쟁 노력을 기울여 왔다. 그러나 오랜 기간 이어져 온 관행은 여전히 암암리에 계속되고 있다.

관련 의료법에 따르면 리베이트를 제공한 사업자는 물론 받은 의료인도 모두 '쌍벌제'로 처벌받는다. 우선, 리베이트가 적발된 제약사와 의료인은 모두 2년 이하의 징역, 3,000만 원 이하의 벌금형이 내려진다. 여기에 제약사의 경우 이름이 공개되는 것은 물론 과징금 부과, 약가 인하나

급여정지 등의 행정처분이 내려진다. 예를 들면 불법 리베이트 1차 적발 시 최대 20% 약가 인하, 5년 내 2차 적발 시에는 최대 40%의 약가를 인하한다. 또 해당 약제가 5년 이내 불법 리베이트를 제공하다 3차 적발되면 급여정지 처분 대상이 된다.

금품수수를 제공받은 의료인 또한 상대적으로 가볍기는 하지만 행정적 처벌을 받는다. 적발된 의료인은 짧게는 2개월에서 길게는 12개월까지 의사면허 자격정지 등 행정처분을 받는다. 또한, 리베이트 혐의로 자격정지 처분기간 중에 의료행위를 하거나 3회 이상 자격정지 처분을 받은 경우, 면허가 취소될 수 있다. 아울러 「독점규제 및 공정거래에 관한 법률(공정거래법)」에서도 리베이트에 대한 규제를 하고 있다. 다만, 「의료법」이나 「약사법」과는 달리 금품을 제공한 기업에만 과징금 등 처분이 내려지고 있으며, 의료인에 대한 처벌은 아직 적용되지 않고 있다.

리베이트의 폐해는 엄청나다. 일반 제조업이나 건설업에서 이루어지는 리베이트 형태는 협력업체와의 불공정 하도급 거래, 납품 비리, 공사 발주 시 뇌물공여 등 다양하다. 이들 음성적 뒷거래의 문제는 결국 제품의 하자와 부실공사로 이어진다는 점이다. 리베이트 비용이 들어가게 되면 당연히 해당 금액만큼 이윤이 줄게 된다. 따라서 업체는 줄어든 이윤을 만회하기 위해 부품을 빼돌리거나, 계약을 체결할 때 약정한 것보다 훨씬 저가의 부품을 사용하게 된다. 이는 부실공사로 이어지고 또 불량품을 납품하는 결과를 초래하게 된다.

한편, 의약품 불법 리베이트는 국민의 의료비 부담을 높이는 주요인으로 꼽힌다. 또 의료기관의 의약품 선택권을 제한하고, 의약품 가격을 왜곡시킨다. 아울러 신약개발은 등한시한 채 리베이트로 판매를 확대하려는 이러한 영업행태로는 제약 산업의 발전도 기대하기 어렵다.

리베이트는 고스란히 약값에 얹어져 약값이 비싸지고 결국 애꿎은 소비자들이 그 부담을 떠안게 된다. 그리고 건강보험 수가를 높이거나 건강보험 재정을 악화시키는 주범이기도 하다. 연간 리베이트 규모는 약 2조~3조 원에 이르는 것으로 추정되고 있다. 이는 연간 건강보험 재정적자 규모를 메우고도 남는 금액이다. 약값의 10~20%에 이르는 리베이트를 없애면 약값의 거품을 얼마든지 뺄 수도 있다.

이 악순환의 연결고리를 끊으려면 제약업계 스스로의 자정 노력이 가장 중요하다. 이와 함께 의료보험체계 개선 등 보다 근본적인 대책 마련이 병행되어야 할 것이다. 아울러 정부의 감독체계와 불법행위에 대한 처벌수위도 강화해야 한다. 이의 한 방편으로 불법 의료인에 대한 행정처분 수위를 리베이트를 준 제약기업만큼이나 강화해야 한다.

현행 관련 의료법에 따르면 리베이트가 적발된 제약사와는 달리 의사의 이름과 소속기관은 모두 비공개된다. 또 적발된 의료인에 대한 행정제재 처분 역시 일시적 자격정지 수준에 불과하다. 아울러 「공정거래법」의 과징금 부과 대상에서도 의료인은 제외되어 있다. 그 결과 규제의 실효성이 부족하다는 지적이 꾸준히 제기되어 왔다. 이에 따라 불법 리베이트 근절을 위해서는 의료인에 대한 처벌수위를 강화함으로써, 제약사와 의료인 간의 균형 잡힌 처벌체계가 필요하다는 의견이 나오고 있다.

분식회계

분식회계란?

분식회계(window dressing settlement)란 경영성과가 실제보다 좋아 보이도록 회계장부상 정보를 고의로 조작하는 행위이다. 다시 말해 회사의 실적을 위조하는 대표적인 행위이며, 주주들의 돈을 훔치는 도둑질이다. 기업의 회계장부는 투자 과정에서 핵심적인 자료이다. 장부가 조작되면 투자자들은 미래 손실에 노출되며, 분식회계가 공공연히 행해지면 투자자들은 기업을 못 믿고 투자를 꺼리게 되어 경제성장이 저해된다. 따라서 엄청난 중범죄이므로 분식회계가 적발되면 해당 기업은 처벌받거나 상장폐지가 될 수도 있다. 감사했던 회계법인도 제재를 받거나 아예 해산될 수도 있다. 고의로 회계부정에 가담했다면 더 말할 것도 없다.

장부조작 자체는 동서고금을 막론하고 항상 있었지만, 일부 경영 관행이 이를 조장하기도 한다. 성과가 좋게 나타나면 스톡옵션(stock option)

이 지급되거나, 연임이 가능하기에 CEO는 실적에 목을 매게 되었다. 이에 경영성과를 부풀리기 위해 부정회계가 감행된다. 특히 소유와 경영의 분리가 약한 한국 기업들은 이러한 유혹에 더욱 취약하다.

분식회계의 수법

분식회계 수법은 매우 다양한데, 그중에서 자주 활용되는 수법의 예를 들면 대략 다음과 같다.

첫째, 가공 매출을 통해 이뤄지는 수법이다. 발생주의 회계를 채택하고 있는 회계원칙상, 실제 물건을 인도하지 않고 매출계약만 맺어서 가공의 매출을 발생시킬 수 있다. 이런 가공 매출을 통한 분식회계를 하는 기업들의 경우 재고자산이 지나치게 많고 영업현금 흐름이 적자를 보이는 경우가 많다.

둘째, 자산을 이중 삼중으로 계상하는 수법이다. 대리점을 둔 대기업의 경우, 대리점들이 가져간 상품의 매출채권을 활용하여 겹겹으로 담보를 잡는다. 문제는 이 이중 삼중의 담보를 모두 각각의 채권인 것처럼 대기업의 자산으로 계상하거나, 이를 담보로 하여 엄청난 은행대출을 받아내는 등 분식회계를 할 수 있다는 것이다.

셋째, 자산의 재평가 과정에서 분식회계를 한다. 일반적으로 자산은 취득원가로 회계장부에 기록하게 되어있다. 또 부동산 자산을 재평가할 때는 감정평가사의 감정평가가 붙기 때문에 분식회계를 하기 어렵다. 그러나 재고자산 같은 경우 특히 재공품의 자산가치 평가는 재량적으로 이뤄지고 있어, 이 과정에서 분식회계가 발생하고 있다.

넷째, 부동산이나 자동차 등 유형자산의 경우 감가상각 방법을 다르게 하는 수법을 통해 분식회계를 한다. 이는 정액법을 사용하다가 정률법이나 연수합계법으로 바꾼다거나, 잔존내용연수를 증감하거나, 잔존가치를 바꾸는 것을 뜻한다. 감가상각 방법의 변경은 회계정책의 변경이 아닌 회계기법의 변경에 해당하기에, 변경에 대한 입증 부담이 상대적으로 작은 편이다.

다섯째, 개발비의 무형자산화를 통해 분식회계를 한다. 국제회계기준(IFRS)에서는 개발비를 손익계산서상 비용으로 처리할 것을 권장하고 있으며, 개발비의 인정 범위도 매우 좁혀놨다. 문제는 IFRS의 규정이 바이오(Bio)나 소프트웨어(software) 기업들을 대상으로는 잘 안 먹혀서, 이들은 제품 개발비를 무형자산화하기가 쉽다는 것이다. 셀트리온의 분식회계 의혹이 대규모의 재고자산과 과도한 개발비의 무형자산화에서 비롯되었다는 것은 대표적 사례이다. 이 때문에 IFRS에서는 개발비 무형자산화 자체를 전면 폐지하여 100% 비용 처리하는 문제를 검토하고 있다.

여섯째, 영업권 과다계상/축소 감손을 통한 분식회계이다. 무형자산의 일종인 영업권(Goodwill)은 인수합병(M&A) 시에 피인수 기업의 공정가치와 인수대금 간의 차액을 임시로 기록해 둔 자산이다. 영업권은 일정한 기한 내에 전면 상각하여 회계장부에서 없애야 한다. 문제는 차입매수(LBO, Leveraged Buy Out)를 많이 하는 기업의 경우 엄청난 영업권을 쌓을 수 있다는 점이다. 게다가 주기적으로 기업들을 대량 인수하면 영업권이 어디서 어디까지가 A 기업 것이고 B 기업 것인지를 회계감사에서도 밝히기 어려울 정도로 복잡해진다. 따라서 M&A가 잦은 기업들은 영업권을 과다계상하거나 영업권 감손 폭을 축소함으로써 기업 이익을 늘릴 수 있다.

끝으로 이중장부를 통한 분식회계이다. 여기까지 오면 정말 작정하고 분식회계를 하는 경우이다. 과거 해외 자회사를 통한 이중장부 수법이 활용되어 이따금 사회적 물의를 일으켰다. 이는 회계사가 해외 자회사까지 감사하기 어렵다는 점을 악용한 것이다.

역분식회계와 빅배스(Big Bath)

한편, 이와 반대로 역분식회계도 있다. 이는 재무상태를 나쁘게 보이려고 일부러 이익이나 자산을 줄이는 것이다. 역분식회계도 정상적인 회계 방식은 아니다. 따라서 회사의 재무건전성이나 회계 투명성을 위해 적법하게 비용을 과대 계상하는 등 특수한 경우를 제외하고는 불법행위로 규제받게 된다. 역분식회계를 하는 목적 또한 분식회계와 마찬가지로 매우 다양하다. 주로 세금 부담이나 근로자에 대한 임금 인상을 회피하기 위해 이뤄지고 있다.

또 대주주가 자신의 지분율 확대와 시세차익을 노리고 역분식회계를 하기도 한다. 우선 대주주가 자신이 지배 중인 기업의 경영권 안정을 위해 해당 기업주식을 저렴하게 추가로 확보하기 위한 경우이다. 이를 위해 대주주는 해당 기업의 성과가 나쁘게 나오도록 매출을 누락시키거나 비용을 과다하게 계상하여 당기순이익을 줄이거나 손실로 만든다. 이 경우 해당 기업의 주식 가치가 떨어져 투자자들은 자신이 보유하고 있던 주식을 매도하게 된다. 이때 역분식회계를 주도한 세력은 헐값으로 주식을 매입하고 지분을 늘린다. 그리고 다음 연도에 이익을 만들어 주가를 끌어올려 시세차익 확보와 지분율 제고라는 두 가지 목적을 이루게 된다.

이와 거의 같은 취지에서 기업이 자사주를 저렴한 가격으로 매입하기 위한 역분식도 이뤄지고 있다. 기업의 실적이 좋지 않게 공시될 경우 투자자들은 해당 기업의 주식을 매각하게 되며 자연히 주가는 하락한다. 이때 기업에서는 저렴해진 가격으로 자기회사의 주식을 대량으로 매입한다. 다음 연도에는 원래대로 실적을 발표할 경우 전년보다 실적이 좋아진 것으로 생각한 투자자들이 해당 기업의 주식을 매입하면서 주가도 상승하게 된다. 이때 기업은 보유 자사주를 매도하여 커다란 시세차익을 거두게 된다.

이외에 특정 회계연도 실적이 너무 안 좋을 때 욕은 한 번에 다 먹고 이듬해 실적을 좋게 만들기 위해서도 역분식회계가 이용되고 있다. 대표적인 사례가 빅배스이다. '빅배스(Big Bath)'란 부실자산을 한 회계연도에 모두 반영하여 위험요인을 일시에 제거하는 회계기법을 말한다. 통상적으로 경영진 교체 시기에 많이 이루어진다.

교체된 경영진들이 이전 경영진들의 재임 기간에 발생한 잠재 손실을 그대로 떠안고 가게 되면 향후 책임 소재가 불분명해질 수 있기에, 이를 방지하기 위해 종종 활용된다. 이 회계기법을 이용함으로써 새로운 경영진은 과거의 실적 부진에 대한 책임에서 벗어날 수 있다. 아울러 한꺼번에 제거된 손실에 대한 기저효과로 다음 해의 실적이 더 크게 개선된 것처럼 보이게 하는 효과도 누릴 수 있다.

월드컴(WorldCom) 회계부정 사건

주요 분식회계 사건으로는 미국의 엔론 사태와 월드컴(WorldCom) 사건이 가장 잘 알려져 있다. 국내에서도 대우, 삼성, SK 등 내로라하는 대기업을 비롯해 많은 기업뿐만 아니라, 부산저축은행 등 금융기관에 의해서도 자행되었다.

월드컴 사건은 당시 역사상 가장 큰 회계사기사건 중 하나로 기록될 만큼 엄청난 경제 사회적 파장을 불러일으켰다. 월드컴은 1983년에 설립된 미국 전역에 광통신망을 가지고 전국 유선통신 서비스를 제공했던 세계 최대의 통신 기업 중 하나였다. 그러나 문제는 2000년 초 닷컴버블(dot-com bubble)이 붕괴하기 시작하면서 문제가 불거졌다. 사람들은 인터넷의 미래에 대해 회의를 지니기 시작했고 월드컴은 파산 직전까지 몰리게 됐다.

하지만 여전히 경영진은 실적 부풀리기에만 혈안이 됐다. 그래야만 돈을 끌어모을 수 있었기 때문이다. 월드컴의 경영진은 수천억 달러에 이르는 이익과 자산을 조작하여 회사의 재무상태를 과장했다. 이 회계 조작을 통해 월드컴은 사실과 다른 재무정보를 공시하고 투자자들을 속였다. 이후 회계부정 사실이 밝혀지면서 당국의 조사를 받게 되었고 결국 2002년 파산했다. 파산 규모는 1,070억 달러로, 2008년 파산한 리먼 브라더스(Lehman Brothers) 이전에는 역대 최대규모였다.

엔론 사태

엔론(Enron)은 1985년 텍사스주의 휴스턴내추럴가스와 네브라스카주의 천연가스 회사인 인터노스의 합병으로 탄생한 후 불과 15여 년 만에 미국과 유럽에서 거래되는 에너지의 20%를 점유하는 세계 최대 에너지기업으로 성장한 회사이다. 엔론의 매출액은 1986년 76억 달러에서 2000년에는 1천10억 달러를 기록했고, 상장주식 시가총액은 2001년에 8백억 달러 이상을 호가했다.

미국 등 전 세계 40개국에 2만 2천 명의 종업원을 거느린 엔론사는 매출액 기준으로 미국 제7위의 대기업으로 선정되었고, 1996년부터 2001년까지 내리 6년 동안 경제전문지 『포천(Fortune magazine)』에 의해 '미국에서 가장 혁신적인 기업'으로 선정되었다. 그리고 2001년 8월에는 앞으로 10년간 성장 가능성이 큰 10개 주식 중 하나로 꼽혔다.

그러나 얼마 후 이 모든 것이 회계장부 조작을 통한 허구였다는 것이 만천하에 드러났다. 엔론의 새로운 회장으로 취임한 케네스 레이는 컨설팅회사 맥킨지(McKinsey)의 간부였던 제프리 스킬링을 CEO로 영입했다. 레이 회장은 회사를 건실한 규모로 키울 생각으로 새로 임명된 스킬링에게 남아있던 부채를 청산하도록 지시했다.

그런데 스킬링은 부채감축 방법으로서 회사의 구조조정보다는 장부상 조작을 택했다. 문제는 그 방법이 단순히 충당금을 조정하고 감가상각을 늦추는 회색지대가 아닌 대놓고 감행하는 범죄였다는 것이었다. 엔론은 파산하기 전까지 각종 유령 자회사를 세워서, 이에 부채를 넘기기 바빴다. 대외적으로는 건실한 에너지기업이라고 홍보되었지만, 실체는 거대한 빚을 지고 있는 부실기업에 지나지 않았다.

그래도 스킬링은 CEO가 된 후 얼마 동안은 나름 성과를 나타내었다. 이전까지는 석유산업에서 처치 곤란한 부산물 취급받던 천연가스를 엔론의 핵심사업으로 키웠다. 또 기업 신용 비용이나 날씨 파생상품 등 다양한 금융상품을 만들어내고, 이들을 거래하는 거래소(Enron Online)도 운영했다. 그러나 이는 기업의 수익구조를 선물투기에 의존하는 구조로 만들었고, 결국은 엔론의 수많은 경영 실패 원인 중 가장 큰 요인으로 작용하였다.

회장인 케네스 레이는 장부만을 보고 회사가 번창할 것으로 믿고 엔론이 각종 사업에 문어발처럼 뛰어들도록 지시했다. 기존의 에너지 사업 외에 펄프, 종이, 수자원, 펄프, 풍력 발전, 통신 및 수도를 비롯한 각종 인프라 사업과 파생금융상품 거래에도 뛰어들었다. 나아가 1990년대 초부터는 인터넷을 통한 거래를 시작함으로써 전자상거래의 선두 주자가 되기도 했다.

그러나 2000년 후반부터 본격화된 닷컴버블(dot-com bubble) 붕괴로 광통신 등 정보통신 분야에 대한 엔론의 투자가 물거품이 되었다. 당황한 경영진들은 회계장부를 조작해서 회사가 건실한 것처럼 보이도록 위장술을 썼다. 외부감사 회사였던 회계법인 아서 앤더슨(Arthur Andersen)의 전폭적인 지원 아래 그들은 2000년 한해에만 5억 달러의 부실을 랩터 조합이라는 유령 자회사에 숨겼으며, 월드컴과 짜고 회선 임대 교환거래로 매출을 조작했다.

그러나 그들의 모든 시도는 2001년 3월에 랩터 조합의 정체가 폭로되면서 실패로 돌아갔다. 결국, 2001년 11월 8일 엔론은 지난 5년간의 영업실적 중 적자 5억 8천6백만 달러가 계상되지 않았다고 미국 증권감독위원회(SEC)에 보고했다. 이것은 그동안 엔론이 영업실적을 부풀리기 위해 적자분을 공표하지 않고 동업자들에 의한 투자로 위장했었다는 사실을 실토한 것이다.

엔론의 신용에 문제가 생기자 주식의 투매가 시작되어 한때 주당 90달러를 호가했던 엔론의 주식은 36센트까지 하락했다. 이후 엔론의 신용등급은 투자부적격(junk) 수준으로 떨어지면서 80억 달러에 달하는 단기채무의 즉시 상환 요구를 촉발했다. 이후 엔론은 2001년 11월 말 경쟁사인 디에너지(Dynergy)에 인수를 제의했으나 거부되면서, 2001년 12월 2일 파산 신청을 냈다. 당시 부채총액은 131억 달러로 미국 「연방파산법」

시행 후 최대규모였다.

사회적으로 큰 존경을 받던 기업이 사실은 교묘한 회계부정에 의존하고 있었다는 사실이 밝혀지면서 엔론은 기업의 탐욕과 부패, 그리고 자본주의의 어두운 면과 동의어가 되었다. 이 사건으로 당시 엔론의 회장이었던 케네스 레이 회장과 최고경영자였던 제프리 스킬링은 연방법원에서 사기와 내부자거래 등으로 각각 징역 24년 4개월, 24년의 징역형과 함께 상당한 금액의 피해보상 처분도 받게 되었다. 그리고 엔론의 회계감리기관이자 미국 5대 회계법인 중 하나였던 아서 앤더슨(Arthur Andersen)은 2002년 영업정지를 당하고 마침내 파산하게 되었다. 아서 앤더슨은 엔론이 파산하기 훨씬 전부터 엔론의 회계 문제가 있다는 사실을 알고도 이를 묵인해 왔던 것으로 밝혀졌다.

회계제도의 개혁

이처럼 회계부정으로 인해 막대한 피해가 발생하자 미국에서는 회계제도 개혁의 필요성이 제기되었다. 그 결과 2002년 7월, 「사베인스-옥슬리 법(Sarbanes-Oxley Act)」이 제정· 발효했다. 이 법은 회계법인의 독립성 강화, 재무정보 공시 강화 등의 강한 회계제도 개혁 의지를 담고 있다. 즉 이 법으로 인해 회계법인들의 감사와 경영자문 등 비 감사업무의 동시 제공이 어렵게 되었다. 또 감사업무에 대한 엄격한 감리를 위해 감리업무를 관장하는 기관인 상장기업회계감독위원회(PCAOB, Public Company

Accounting Oversight Board)가 설립되었다. 쉽게 말하자면 분식회계를 저지른 기업에 대해서는 정부가 3년 주기로 직접 감리하게 되었다는 것이다.

물론 이 법안의 도입으로 인한 부작용도 없지 않았다. 기업들은 높은 비용 부담과 복잡한 절차를 따라야 했으며, 경영의 유연성 제한 등의 어려움도 겪게 되었다. 특히 중소기업에는 큰 부담으로 작용하였다. 그렇지만 기업의 재무 보고의 투명성과 신뢰성을 강화하는 데는 큰 역할을 하였다. 이로 인해 투자자들은 기업의 재무정보에 대한 더 큰 신뢰를 지닐 수 있게 되었으며, 장기적으로 금융시장의 안정성을 확보하는 데 이바지하였다. 이 법은 미국뿐 아니라 우리나라 등 다른 나라의 회계제도 개혁에도 커다란 영향을 미쳤다.

스위스 은행의 비밀주의

스위스 은행의 비밀계좌

얼마 전까지만 해도 세계의 검은돈들이 스위스로 몰려들었다. 그 이유는 바로 스위스 은행의 비밀유지 조항 때문이었다. 스위스의 「연방 은행법」에 따르면 은행 직원이 고객의 개인정보를 공개하는 경우, 징역이나 벌금형 등의 형사적 제재를 받게 되어있었다.

이는 어떠한 상황에서든 절대로 고객의 정보를 해당 고객 외의 그 누구에게도 넘겨주지 않는다고 아예 못 박은 것이다. 이는 개인은 물론이고 국가, 심지어 국제기구에도 예외 없이 적용된다. 스위스 비밀계좌는 스위스 소재의 은행에 개설된 계좌 중에서도 숫자와 알파벳 문자로 조합된 코드를 예금주 이름 대신 사용하는 계좌를 말한다. 이 은행들의 비밀계좌 조회와 출입금은 계좌번호 및 비밀번호로만 가능하다. 예금주가 사망할 시 상속인이 계좌번호 및 비밀번호를 모르면 찾아갈 수 없다. 심지어 본인이 까먹어도 마찬가지다.

비밀계좌는 익명이나 차명계좌는 아니다. 계좌를 개설하려면 신분증을 제시하고 은행이 요구하는 정보를 알려줘야 한다. 다만, 금융거래 과정에서 이름 대신 코드 번호를 사용해 은행 직원들도 예금주의 신원을 알 수 없다. 비밀계좌의 잔액과 거래 내역은 은행 직원 중에서도 아주 일부만 열람할 수 있다.

어떤 이유로든 재산을 숨기고 싶은 사람들이 비밀계좌의 고객이다. 스위스 은행협회(SBA)에 따르면 스위스 은행들은 2021년 기준 2조 6,000억 달러의 외국인 예금을 보유하고 있었다. 전 세계은행이 보유한 외국인 예금의 4분의 1 이상이 스위스 은행에 예치되어있는 셈이다. 또 2022년 기준 스위스 은행들의 전체 예금고는 스위스 GDP의 5배가 넘을 정도였다.

은행 비밀주의 역사

이러한 엄중한 비밀주의 역사는 17세기까지 거슬러 올라간다. 1685년 프랑스 왕 루이 14세가 신교도의 종교 자유를 보장하던 낭트 칙령을 폐지했다. 위그노(Huguenot)라고 불린 프랑스의 신교도들은 박해를 피해 이웃 나라로 갔다. 위그노 중에선 금융업에 종사한 사람이 많았는데 그 중 일부가 스위스에 정착해 금융업을 이어 나갔다.

아이러니하게도 초기 스위스 은행의 주요 고객은 프랑스 왕족들이었다. 주변국과 전쟁을 치르는 데 돈이 필요했던 그들은 스위스 위그노들에게 돈을 빌렸다. 자신들이 쫓아낸 사람들에게 손을 벌리는 것이 계면쩍었는지 이들은 돈을 빌린 사실을 비밀로 해 달라고 요구했다. 스위스 은행의 비밀주의가 태동한 연유다. 이후 치러진 독일과 프랑스 간의 보불전쟁과 프랑스혁명 기간에도 자신의 재산을 지키려는 부유층들의 돈이 스위스로 몰려들었다. 그러나 이때만 해도 비밀주의를 스위스 정부가 공식적으로 인정한 것은 아니다.

영세 중립국이라는 국제 정치적 지위도 장점으로 작용했다. 스위스는 전쟁 중에도 재산을 안전하게 도피시킬 수 있는 안전처로 통했다. 제1차 세계대전 때 유럽 각국이 전비 조달을 위해 부자에게 세금을 올리자 과세 회피 목적의 거금이 스위스 은행에 몰렸다.

특히, 유대인들이 나치의 탄압을 피해 부동산을 처분한 자금을 안전한 스위스 은행에 예치하기 시작하자, 유대인을 돕고 실속도 차리자는 생각에 이르게 된다. 나치 독일이 유대인 재산 색출을 위해 고객 정보공개를 요구했으나 이를 거부했다. 대신 유대인으로부터 약탈한 나치 정권의 자금 역시 받아들여 양다리 비밀주의를 지켜나갔다.

이러한 과정에서 스위스 정부는 1934년 「연방 은행 및 저축은행법」을 개정해 '스위스 비밀계좌'를 공식적으로 인정하게 되었다. 은행이 고객 동의 없이 계좌정보를 3자에게 제공하지 못하도록 하고, 위반한 사람은 5년 이하 징역과 25만 스위스프랑 이하 벌금형에 처하도록 했다.

고객 비밀보장과 검은돈의 유입

고객 비밀보장은 평범한 일반인에게는 보안이 더 튼튼하다는 것 정도 외에는 별 이점이 없지만, 각종 범죄조직이라면 이야기가 달라진다. 정보 누설이 절대로 없다는 부분이 이들에게는 자기네 검은돈을 이곳에 보관하면 수사 및 몰수로부터 100% 안전을 보장받을 수 있다는 점으로 작용하기 때문이다.

실제로 스위스 은행은 어떤 범죄에 연루되었던 자신들에게 들어오는 돈이라면 묻지도 따지지도 않고 무조건 받았다. 또 은행 내부적으로는 돈 주인의 이름 대신 번호로만 표시되는 비밀계좌를 운영하였다. 이처럼 스위스 은행은 비자금을 숨기기 좋은 환경으로 조성되어 있었다. 그 결과 스위스 은행에는 검은돈들이 그득히 쌓여 갔다.

이렇듯 스위스 은행에 보관되는 돈의 다수가 검은돈이기에, 맡기면 이자는 고사하고 보관비라는 명목으로 오히려 고율의 수수료를 받았다. 비밀계좌에 돈을 맡기면 이자를 받는 것이 아니라, 대략 0.6~0.85% 사이의 보관 수수료를 지급해야 한다. 이처럼 스위스는 전체 금융자산의 과반을 차지하는 외국인 금융자산으로부터 엄청난 액수의 수수료를 받았다. 그리고 예치금은 다른 나라에 대출해 주고 이자를 받았다. 이중으로 돈놀이를 하는 셈이었다. 이러한 방식의 금융업은 스위스에서 중요한 산업으로서 자리매김하게 되었다.

스위스은행의 고객들은 시대에 따라 바뀌어 왔다. 1945년 제2차 세계대전이 끝난 뒤엔 나치 독일의 전범들이 많이 활용하였다. 이에 전쟁이 끝난 후 영국, 프랑스 등 승전국들은 스위스 은행에 예치된 나치 자산을 몰수하려고 했다. 스위스 은행들은 고객 정보유출을 금지한 자국 법을 근거로 이런 요청을 거부했다. 대신 이들에게 대규모 자금을 빌려줘 전후 복구를 도왔다.

1973년 제1차 석유 파동 이후 아랍 왕족과 남미 독재자들의 비밀금고로 지목됐으며, 2001년 9.11 테러 이후에는 테러와의 전쟁이 진행되면서 테러 자금 세탁소로 지목됐다. 우리나라에서도 1978년 미국 하원 국제관계위원회가 발표한 '프레이저 보고서(Fraser Report)'를 통해 스위스 은행 비밀계좌의 존재가 처음 알려졌다. 보고서에서는 당시 우리나라 대통령과 중앙정보부장의 비밀계좌 실체를 폭로하고 있었다. 이런 과정에서 스위스 은행 비밀주의는 국제사회에서 조금씩 비판 대상이 되기 시작했다.

빗장 풀리는 비밀금고

그런데 스위스는 최근 들어 비밀금고의 빗장을 풀기 시작하고 있다. 2008년 글로벌 금융위기 이후 미국 및 유럽연합(EU, European Union) 국가들은 금융거래 투명성 제고와 세금범죄 방지를 명분으로 스위스에 은행 비밀주의 철회를 강력히 요구하고 나섰다. 그리고 계좌정보를 내어놓지 않으면 경제제재 및 각종 불이익을 주겠다고 압박하였다.

미국이 선봉에 섰다. 미국 정부는 2008년 금융위기를 거치면서 UBS에 탈세 혐의가 있는 미국인 52,000명의 비밀계좌 명단을 내놓으라고 요구했다. 이에 UBS 측이 비밀유지의무를 고수하자 미국 정부 측이 소송으로 맞섰다. 결국, 2009년 2월 UBS 측은 7억 8,000만 달러의 벌금을 물었고, 8월에는 소송 취하 및 미국인 탈세 혐의자 280명의 명단 및 비밀 거래자 4,500여 명의 비밀계좌까지 넘겨주기로 합의했다.

2010년에는 비미국계 은행들의 조세회피 추적을 명시한 「해외금융계좌 신고법(FACTA)」을 제정했다. 이후 스위스는 2017년 경제협력개발기구(OECD)가 주도한 '은행 정보 자동교환에 관한 국제협약(AEOI)', '공통 보고기준(CRS)', '국가 간 조세징수 협정' 등을 맺게 된다. 이로써 스위스 은행의 비밀주의는 종말을 맞았다. 현재 스위스는 회원국 과세당국이 원하면, 해당국 국민이 보유한 스위스 은행 내 계좌정보를 제공하고 있다.

이와 같은 상황에서 스위스 은행의 비밀주의는 더 이상 유지되기 어려울 것으로 전망되고 있다. 실제로 스위스는 미국을 비롯한 국제사회의 강력한 압력에 굴복하면서 이 비밀금고의 빗장을 풀기 시작하였다. 2019년 2월에도 프랑스 법원은 부자들의 탈세를 도운 혐의로 스위스 최대 은행 UBS(Union Bank of Switzerland)에 45억 유로에 이르는 벌금과 배상금을 부과했다. 프랑스 역사상 가장 큰 규모의 세금 관련 벌금 기록이다. 45억 유로는 UBS의 1년 전체 수익과 맞먹는 금액이다.

러시아의 우크라이나 침공 이후 서방 국가들이 스위스의 애매한 행태를 거세게 비판하고 있는 것 또한 스위스 은행의 입지를 흔들고 있다. 서방 국가들은 러시아에 대한 재정 압박에 스위스가 비협조적인 측면이 있다고 지적했다. 미국과 NATO는 스위스가 자국산 무기와 총탄· 포탄의 우크라이나 수출을 반대하자, "중립국이라는 지위가 결코 특권이 돼선 안 된다"며 스위스 정부를 압박하였다. 반대로 러시아는 중립국이면서 서방 편에만 선다며 '비우호 국가' 리스트에 스위스를 올렸다.

2023년 발생한 스위스 2번째 규모이던 CS(Credit Swiss) 은행의 파산도 비밀주의 포기와 연관되어 있다. 비밀주의 폐지 이후 스위스 은행들의 예금고가 급감하자, 이를 보충하기 위해 위험도가 높은 상품에 투자하기 시작했다. 한때 스위스 전체 GDP만큼이나 풍성한 예금고를 자랑하던 CS 은행도 이런 방법으로 수익을 취하려다, 결국 파산사태에 휩싸였다는 게 전문가들의 분석이다.

스위스 은행의 비밀주의가 폐지되면서 범죄행위로 번 돈임을 알고도 예금을 받아주면 징역형에 처해지게 되었다. 또 범죄와 관련된 돈이라는 것이 후에라도 입증된다면 계좌정보를 공개해야 하고, 의심이 간다면 계좌를 동결할 수도 있다. 그리고 금융실명제까지 실시하게 되었다. 이 때문에 조세포탈과 검은돈 은닉을 목적으로 스위스 은행을 이용하던 사람들은 점차 오스트리아, 리히텐슈타인, 덴마크, 네덜란드, 벨기에, 아이슬란드 등으로 몰리고 있다.

조세피난처

2016년 4월, 국제탐사보도언론인협회(ICIJ)는 정치인과 정치인의 친인척 및 측근, 유명 영화배우와 운동선수 등이 연루된 방대한 분량의 조세회피 자료를 분석해 폭로하였다. 이는 1977년부터 2015년까지 파나마의 대형 로펌(law firm)인 모색 폰세카(Mossack Fonseca)가 의뢰인과 거래한 자료로, 일명 '파나마 페이퍼스(Panama Papers)'로 불렸다. 파나마 페이퍼스 폭로가 일으킨 메가톤급 충격파는 문건에 이름이 오른 아이슬란드 총리가 전격 사임하는 등 일부 국가 정상의 입지까지 흔들어 놓았다. 이후 조세피난처에 대한 세계적 관심이 한층 더 고조되었다.

ICIJ는 2021년 10월 또다시 일명 '판도라 페이퍼스(Pandora Papers)'를 공개하였다. 이는 세계 정치 지도자와 억만장자 등 유력 인사들이 조세회피처에 거액을 숨겨놓고 탈세와 불법· 편법을 일삼았다는 내용의 폭로성 보고서이다.

조세피난처의 개념

'조세피난처(tax haven)'란 세금이 면제되거나 현저히 경감되는 국가나 지역을 뜻하며, 조세회피 지역이라고도 한다. 일반적으로 조세회피 지역은 단속이 어려운 점을 이용하여 특정 기업 등이 해당 국가에 서류로만 존재하는 회사인 '페이퍼컴퍼니(paper company)'를 설립한 후, 이를 돈세탁에 이용하거나 합법적 조세회피 또는 불법적 탈세를 하기 위해 이용된다.

조세피난처라는 말은 경제협력개발기구(OECD)가 2000년 파나마, 모나코 등을 조세피난처로 지목하면서 회자되기 시작했다. OECD는 2000년 6월 「Progress on Identifying and Eliminating Harmful Tax Practices」라는 보고서를 통해 36개 조세피난처 국가의 명단을 발표한 바 있다. 공표 당시의 조세피난처 판정 기준은 다음 중 하나에 해당하는 곳이다.

금융서비스 등의 활동에서 발생하는 소득에 대해 면세 혹은 낮은 세율을 부과하고 있는 곳, 세금 및 세금 집행에 투명성이 결여된 곳, 다른 나라와 실효적인 정보 교환을 방해하는 법적 또는 행정적인 활동이 있는 곳, 유치하는 사업에 대해 자국에서 실질적인 활동이 이루어질 것을 요구하고 있지 않은 곳 등이다. 이후 조세피난처 국가는 점차 늘어나 2000년대 이후 카리브해를 중심으로 미주, 유럽, 아시아, 태평양 등 전 세계 50~60곳에 달하는 것으로 알려져 있다.

조세피난처

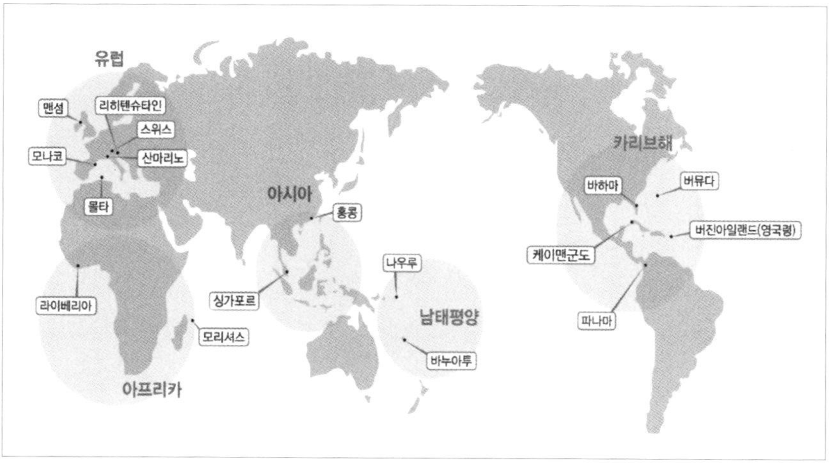

조세피난처의 유형

조세피난처는 구체적으로 '택스 파라다이스(tax paradise)', '택스 셸터(tax shelter)', '택스 리조트(tax resort)'로 세분된다. '파라다이스'는 바하마, 버뮤다, 버진아일랜드와 같이 세금을 아예 부과하지 않는 곳이다. '셸터'는 국내 소득에는 통상적인 과세가 이루어지지만, 국외 소득은 면세 또는 낮은 세율을 부과하는 지역으로 홍콩과 파나마 등이 해당한다. '리조트'는 특정 기업이나 사업 활동에 대해 세금 상의 특전을 인정하는 지역으로 룩셈부르크, 아일랜드 등이 있다.

조세피난처의 가장 전형적인 소재지는 별다른 산업과 자원이 없는 외딴섬이다. 버뮤다, 케이맨제도, 버진아일랜드, 바하마, 앤틸리스 제도 등이 대표적이다. 이들은 대부분 먹고살게 마땅치 않아 고민하던 중 비거

주자로부터 투자를 끌어들여 약간의 세금 수입을 얻는 것만으로도 국가 재정에 도움이 된다는 이유에서 비롯되었다. 심지어 이러한 특혜를 공공연하게 광고까지 했다. 흥미로운 사실은 이들 섬나라 대부분은 과거 영국 식민지였다는 것이다.

다국적 기업들은 전통적인 조세피난처를 겨냥한 규제가 강화되자 '택스 리조트'에 본사를 옮겨 법인세를 절감하는 방식을 택하고 있다. 법인세가 낮은 벨기에, 룩셈부르크, 네덜란드, 아일랜드 등이 대표적이다. 특히, 아일랜드는 OECD 국가 최저 수준인 법인세율로 다국적 기업을 유인하고 있다. 아일랜드는 법인세가 일반기업 12.5%, 첨단 기술기업 6.25%로 다른 어떤 나라들보다 낮다. 구글(Google)을 비롯해 애플(Apple)과 IBM, 마이크로소프트(MS) 등 다수의 글로벌 IT 기업들은 아일랜드에 유럽 본사를 두고 유럽 각국에서 얻은 소득 대부분을 이곳으로 이전해 법인세를 줄였다.

조세피난처의 자산 규모가 커진 이유

한편, OECD는 2009년 4월 조세피난처에 숨겨진 자산 규모를 1조 5천억~11조 5천억 달러로 추정하였다. 또 영국 런던에 본부를 둔 NGO인 'Tax Justice Network'는 1970년대부터 2010년까지 세계 곳곳의 조세회피처로 흘러간 금융자산 누적 금액이 최소 21조 달러에서 최대 32조 달러라고 밝혔다. 당시 21조 달러는 미국과 일본의 GDP를 합한 것과 맞먹는 규모로, 세계 GDP의 30%를 넘어서는 것이었다.

그러면 조세피난처 자산 규모가 이처럼 커진 주요 요인은 무엇일까? 우선 1990년대 이후 가속화된 글로벌 단일경제 체제가 지목되고 있다. 국제무역과 자본 이동이 활발해지면서 거래 형태가 다양하고 복잡해졌기에 비밀주의의 여지가 커졌다는 것이다. 실제로 조세피난처는 1980년대 각국이 무역과 외환 거래의 빗장을 풀면서 번창하기 시작했다.

둘째는 세금 절약의 요인이다. 투자자에게는 투자 지역을 선택할 때 세후 수익률과 비밀주의, 낮은 규제가 중요한 기준이 된다. 문제는 조세정책의 경우 자율적인 국내정책 분야라 국제공조가 잘 이뤄지지 않기에 조세회피 지역이 존재할 수 있게 된 것이다. 조세피난처인 파나마, 버진아일랜드, 바하마, 케이먼 제도 등의 경우 법인세가 없거나 현저히 낮다. 기업에 가장 큰 비용은 세금이란 말이 있다. 그런데 이들 지역에 회사를 만들면 이 커다란 비용이 면제되기에 자금이 유입되는 것은 너무나 당연한 이치다.

셋째, 정치적인 이유가 있다. 여러 경로를 통해 착복한 검은돈의 출처가 불안한 사람들을 위한 역할이 바로 그것이다. 이 방식을 활용하는 각국 지도자들의 면면을 살펴보면 답이 나온다. 요르단, 사우디, 카타르, U&E, 수단 등의 지도자들이 조세피난처에 있는 페이퍼컴퍼니(paper company)의 소유주로 거론되었으며, 푸틴과 시진핑 같은 강대국 독재적 지도자의 가족이 연관되어 있다.

이들의 공통점은 큰 정치적 영향력을 행사하는 사람들이라는 것, 이를 이용하여 쉽게 경제적 이권을 챙길 수 있다는 것을 들 수 있다. 이런 경우

필수적으로 뒤가 구릴 수밖에 없기에 자금세탁을 통해 그 출처를 감추고 싶었을 것이다. 특히 북한, 시리아, 러시아 같은 제재대상국들의 통치자금이 흘러 들어갔다는 점에서는 조세회피처라기보다는 자금 세탁소가 더 적합한 용어이다. 금융제재나, 정권교체를 통한 숙청 등의 우려가 있는 정치 지도자들은 이런 돈세탁을 통해 실소유주를 숨기려는 의도가 강한 것이다.

조세피난처로 인한 경제 사회적 손실

조세피난처로 인한 경제 사회적 손실은 무엇일까? 우선 무엇보다도 세금손실 규모가 엄청 크다는 점이다. 전 세계적으로 조세피난처로 인해 세금을 제대로 받지 못하는 규모가 연간 8천억 달러를 넘는 것으로 추정되고 있다. 이는 전 세계 반도체 시장 규모인 6천억 달러를 훌쩍 넘는 수치다. 정부는 세금을 제대로 징수하지 못하면 국가를 유지하는 데 필요한 각종 정책을 제대로 추진할 수 없게 된다.

실제로 조세피난처에 만든 법인 가운데 상당수가 대규모 역외탈세를 자행하고 있다. '역외탈세(offshore tax evasion)'란 조세회피 지역에 유령회사를 차려 세금을 내지 않거나 축소하는 행위를 뜻한다. 구체적으로 해외에 페이퍼컴퍼니나 위장계열사 등을 차려두고 위장· 가공거래 등을 통해 세금을 탈루하거나 거액의 비자금을 조성하는 것이다. 또 허위 또는 과다한 경비 계상도 역외탈세자들이 주로 활용하는 수법 중 하나다.

이처럼 글로벌 기업이 역외탈세를 자행하는 데는 대형 로펌(law firm)이 주요한 역할을 하고 있다. 모색 폰세카(Mossack Fonseca) 사례에서처럼 로펌들은 자금세탁과 조세회피를 위한 설계와 자문을 제공한다. 페이퍼컴퍼니 간의 거래에는 계약서들이 많이 작성되기 마련인데, 로펌들은 일종의 표준 양식을 만들고 투자자들의 필요에 따라 별도의 보정을 해준다. 또 이들은 단순히 수단을 제시하는 것을 넘어 무기명 채권을 사용해야 할지, 몇 개의 페이퍼컴퍼니를 거쳐 어떤 방식으로 돈을 움직여 세탁할지에 대한 구체적인 컨설팅도 제공한다.

또 다른 조세피난처의 문제점은 사회적 불평등 심화와 위화감 조성 등으로 인해 자본주의 체제 불안을 야기한다는 것이다. 일부 비도덕적인 부유한 사람들이 재산축적을 위해 돈을 빼돌리는 과정에서 부정부패가 사회 전반에 뿌리를 내리고 빈부격차는 더 커진다. 이로 인해 부자에 대한 거부감, 가진 자와 가지지 못한 자 간의 갈등과 불신이 증폭되기도 한다. 이는 자칫 자본주의 체제를 위협하는 문제로까지 커질 수가 있다.

글로벌 최저한세와 디지털서비스세 도입

2008년 글로벌 금융위기로 조세피난처는 공공의 적이 되고 있다. 각국 정부가 경제위기 극복에 재정을 쏟아부었다가 나랏빚이 눈덩이처럼 불어나자 세금 새는 구멍을 틀어막고 있기 때문이다. 이에 세계 각국은 부족한 세수를 확보하기 위해 국제공조를 통해 징세 행정을 강화해 왔다. 특히, OECD는 2014년 주요 20개국 협의회(G20) 국가들과 함께 '조세회피 방지를 위한 공통 보고기준(CRS, Common Reporting Standard)'을 제정했다. 국가 간 조세 정보를 자동 교환하기 위해 교환할 정보의 공통 기준을 마련한 것이다. 이후 한국을 포함해 버뮤다, 스위스, 케이맨제도 등 100여 국가들이 CRS를 시행하기로 했다.

이에 한때 많은 정치 지도자들은 "조세피난처는 이제 끝났다."라고 말했다. 그러나 이것은 사실이 아니었다. 조세피난처는 현재까지 너무나 다양하고 강력한 모습을 나타내고 있다. 지금도 전 세계 조세회피 규모는 연간 약 8천억 달러에 이르는 것으로 추정된다. 더욱이 국제공조 체제도 확고하지 않은 실정이다. 적지 않은 국가들이 여전히 자국 이익을 포기하지 않으려는 행태를 나타내고 있기 때문이다.

이러한 문제 시정의 한 방편으로 다국적 기업의 조세회피 방지를 위한 '글로벌 최저한세(global minimum corporate tax)'가 OECD와 G20 주도 아래 2021년 만들어졌다. 이는 특정 국가가 자국 소재 기업에 대해 최저한 세율인 15%보다 낮은 실효세율을 부과할 경우 그 차이에 대해 모기업이 소재한 국가에 추가 과세권을 부여하는 제도이다.

예를 들어 우리나라에 모회사를 두고 있는 다국적 기업의 해외 자회사가 현지에서 최저한세율(15%)에 미달하는 세금을 납부한다면, 해당 기업은 최종 모기업 소재국인 한국에서 부족분에 대한 추가 세액을 납부해야 한다. 적용대상은 전 세계 매출이 7억 5,000만 유로(약 1조 원) 이상인 다국적기업으로, 대상 기업은 2024년 1분기 결산부터 글로벌 최저한세 관련 법인세비용을 재무제표에 반영하고 관련 내용을 공시해야 한다. 우리나라 기업 중 글로벌 최저한세 적용대상은 200여 개에 달하는 것으로 추정된다.

아울러 빠르면 2025년부터는 글로벌 최저한세보다 더 확장된 '디지털 서비스세(Digital Service Tax, DST)'도 적용될 수 있을 것으로 보인다. 이는 다국적 기업의 본사가 속한 국가뿐 아니라 실제 매출이 나오는 사업장이 있는 국가에도 세금을 내도록 하는 과세제도이다. 이는 원래 IT 기업들이 세율이 낮은 국가에 본부를 두고 조세를 회피하는 것을 막기 위해 '구글세(google tax)'라는 이름으로 도입이 추진되다가, 그 대상이 다국적 기업으로 확대된 것이다.

국제조세 원칙상 법인세는 고정된 사업장이 있는 곳에 부과되는데, 구글, 메타(Meta), 아마존(Amazon) 등 정보기술 IT 기업은 서버 소재지를 고정 사업장으로 본다. 그러나 IT 기업은 네트워크를 통해 전 세계 어디서든 디지털 서비스를 제공할 수 있어 세율이 낮은 나라에 고정 사업장을 세워놓고, 온라인 광고와 광고 이용자 데이터 판매 등을 통해 실제로 수익이 나는 국가에는 세금을 거의 내지 않아 문제가 됐다. 이에 IT 기업의 소득 이전 행위를 막고, 영업하고 있는 국가에서 수익이 발생하면 이에 맞는 세금을 부과하는 방안이 논의되고 있다. 다만 대다수의 적용대상 기업을 가진 미국이 부정적 견해를 보이는 것은 조속한 시행에 걸림돌이 되고 있다.

환치기

환치기란?

원/달러 환율이 널뛰기 장세를 이어가면서 내국인과 미국 교포 간의 환치기가 성행하고 있다. 이들은 환율의 변동성이 커지자 광고를 통해 서로 연락을 취한 후 한국 내 은행 계좌로 원화를 송금하고, 그에 상당하는 달러를 미국 현지에서 받는 방식을 취한다. 혹은 이와 반대로 미국 계좌에 달러를 송금하고 그에 상당하는 원화를 한국에서 받는 거래 방식도 많다.

미국 교포 한인들은 환율이 1,400원대로 치솟는 등 달러가 강세일 때는 달러를 한국에 보내고, 반대로 달러가 약세일 때는 원화를 미국에 보내는 방식으로 환치기를 하고 있다. 그 목적은 환차익을 챙기거나 환차손을 피하기 위한 데 있다. 아울러 환치기를 통해 추후 세법상의 문제가 될 수 있는 국제 송금기록을 남기지 않기 위한 목적도 없지 않다.

'환치기(foreign exchange fraud)'란 국가 간에 오가는 외환거래를, 환전업자가 국내에 마련한 계좌를 통해 마치 국내에서만 거래가 이뤄진 것처럼 위장하는 것을 말하는 불법 외환거래의 속칭이다. 다시 말해, 한국 내 거주자와 외국 내 거주자 사이에 발생하는 현금을 포함하는 자본거래에 있어 적법한 외환 취급 허가를 받은 금융기관을 통해 거래하는 것이 아니라, 개인들 간에 사적으로 거래하거나 유사 금융기관을 통해 거래하는 행위이다.

예를 들어 환치기 업자는 국내와 해외에 각각 소재하고 있고, 송금의뢰인으로부터 송금요청을 받았다고 상정해보자. 의뢰인 A는 해외에 소재한 B에게 송금하기 위해 국내 환치기 업자 계좌로 자금을 이체한다. 국내 환치기 업자는 해외환치기 업자에게 A가 의뢰한 돈을 B에게 보내라는 송금지시를 한다. 그러면 해외환치기 업자는 B에게 자금을 보낸다. 돈은 외견상 국내계좌→ 국내계좌, 해외계좌→ 해외계좌로 각각 이체되어 마치 외환거래가 아닌 국내거래인 것처럼 보인다. 그러나 실상은 국내에 소재한 A에게서 해외에 소재한 B로 이동한 외환거래이다.

그리고 이렇게 송금을 해준 국내외 환치기 업자는 잔액 차이가 크면 의뢰인에게 출금해서 현금으로 가져다주거나, 무역거래를 가장한 송금을 통해 잔액을 맞춘다. 이 과정에서 송금의뢰인은 구린내가 나는 돈을 해외 또는 국내로 빼돌릴 수 있고, 환치기 업자들은 이를 대행해 주면서 수수료와 환차익을 챙긴다.

환치기 방식

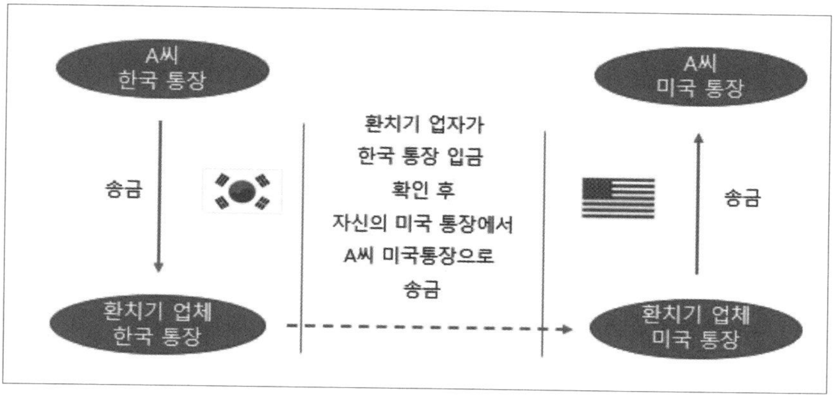

환치기의 불법성

환치기를 이용하면 외국환은행을 거치지 않고 서로 돈을 주고받을 수 있다. 송금의 목적을 알릴 필요도 없고, 정상적으로 환전할 경우 지급하는 수수료도 물지 않는다. 또 정상적인 절차를 밟지 않고 외환을 송금하는 불법성도 지닌다. 이 때문에 세계 각국에서는 국부의 유출로 간주해 법으로 금지하고 있다. 우리나라도 「외국환거래법」에서 등록하지 않고 환전업무를 하는 행위, 국내에서 원화를 송금받고 외국에서 외화로 지급하는 행위, 환치기 업자를 이용하여 일정 금액 이상을 송금하는 행위 등을 불법행위로 규정하여 처벌하고 있다. 즉 불법 환치기 행위는 3년 이하의 징역 또는 3억 원 이하의 벌금형에 처한다.

더욱이 이러한 환치기의 위험성은 단순히 「외국환거래법」 위반에만 있는 것이 아니다. 더 큰 위험은 불법 자금과 관련된 경우다. 환치기는 대부분 자금출처가 불분명하기에 얼마든지 불법 자금과 연루될 수 있다. 즉 재산은닉과 세금의 탈루, 외국에서 사용할 유흥자금 또는 해외 도박, 마약밀수 등의 불법자금을 조달하는 데 이용될 수가 있다. 특히, 중국 환치기는 보이스 피싱 범죄와 연루된 사례가 많다. 이 경우에는 자칫하면 범죄 가담 혐의로 계좌가 동결되거나 피해 보상금을 물어내어야 할 우려도 있다.

우리나라에서는 1998년 외환 자유화 조치 이후 각종 외환 송금 규제가 줄어들거나 폐지되면서 환치기를 이용한 불법 외화유출이 증가하였다. 환치기 적발 금액 규모는 2017년 8,246억 원에서 2022년 5조 2,399억 원으로 약 6.4배 규모로 폭증했다. 전체 「외국환거래법」 위반행위 적발 금액 중 환치기가 차지하는 비중 또한 2017년 21.5%에서 2022년 83.1%로 크게 높아졌다.

환치기 수법 역시 지능화되고 규모도 커져 암달러상을 통해 불법으로 환전하던 과거와 달리 수십 또는 수백 개의 계좌를 개설해 불법 외환거래를 알선하는 전문 중개인까지 등장하였다. 심지어 예금계좌가 아니라 증권회사의 법인계좌를 이용해 정상적인 증권투자처럼 위장해 환치기 하는 수법도 등장하는 등 고도화· 지능화· 기업화되는 추세이다. 1인당 1,000만 원 넘게 환전할 경우 금융정보분석원에 반드시 보고해야 하는 의무를 피하고자 소액으로 '쪼개기' 환전을 하는 사례도 나타나고 있다.

암호화폐를 이용한 환치기

최근에는 암호화폐를 이용한 환치기가 극성을 부리고 있다. 관세청 자료에 따르면 가상자산을 이용한 환치기 적발 금액은 2018년 10건 7,841억 원에서 2022년 12건 4조 7,566억 원으로 무려 6.1배 규모로 증가하였다. 1건당 평균 금액으로는 2018년 784억 원에서 2022년 3,964억 원으로 4.1배 증가한 것이다.

가상자산 환치기 국가별로는 2017년부터 2022년까지 중국이 23건 3조 2,833억 원으로 가장 많은 것으로 나타났으며, 뒤이어 홍콩 7건 2조 5,483억 원, 호주 1건 4,170억 원, 일본 2건 1,302억 원, 필리핀 2건 442억 원, 기타 1건 381억 원 순으로 나타났다.

암호화폐를 이용한 환치기는 전통적 환치기가 한 단계 진화한 수법이다. 중국 환치기 업자가 한국 업자에게 돈을 전달하는 과정에서 암호화폐가 이용된다. 게다가 국내 거래소에는 암호화폐 가격이 해외에서보다 비싼 '김치 프리미엄'이 형성돼 있는 탓에 두 환치기 업자는 암호화폐 매도 차익도 추가로 챙길 수 있다. 여기다 중국 내에서는 암호화폐가 불법으로 금융당국은 물론 공안의 단속 대상이 되기에 국내에서 환치기가 더 빈번하게 발생한다. 즉 암호화폐를 도구로 활용해 은행을 통하지 않은 채 거래하고 수수료에 김치 프리미엄에 의한 암호화폐 매매 차익까지 챙기게 되다 보니 규모가 늘어나고 있다.

2장

금융사기의 행태와 수법

금융사기란?

사기와 사기죄의 일반적 속성

사기(fraud, scam)는 사실을 오인시키는 등의 방법으로 남을 속여서 경제적 이득을 얻는 행위이다. 이를 저지르는 사람을 사기범 혹은 사기꾼이라고 부른다. 사기를 저지른 사람은 사기죄로 처벌을 받게 되며, 민사상의 책임도 부여된다. 우리나라 「형법」은 사기죄에 대해 10년 이하의 징역 또는 2천만 원 이하의 벌금형에 처하도록 규정하고 있다. 그리고 보험사기에 대해서는 더욱 엄중한 처벌을 위해 「보험사기방지 특별법」을 우선 적용한다. 민법상 사기에 의한 의사표시는 취소할 수 있고, 불법행위로서 손해배상을 청구할 수도 있다.

그러나 사기 피해자가 피해손실 구제를 받을 가능성은 거의 없다고 보면 된다. 이는 사기범이 잡혔을 시점에는 사기로 얻은 돈은 이미 탕진했을 가능성이 매우 크기 때문이다. 더욱이 사기범은 파산까지 가기도 한다. 따라서 처음부터 사기를 당하지 않는 게 가장 중요하다.

우리나라는 '사기 공화국'이라는 표현이 있을 만큼 사기범죄가 갈수록 기승을 부리고 있다. 경찰청에 따르면 2017년 23만 1,489건이던 국내 사기죄 발생 건수는 2022년 32만 5,848건으로 5년 사이 40%가량 증가했다. 그러나 같은 기간 검거 건수는 18만 3,974건에서 19만 1,900건으로 약 4% 증가하는 데 그쳤다. 사기 수법이 지능화·고도화하면서 피해가 급증하는 데 반해, 검거율은 오히려 뒷걸음질 치고 있다는 것을 의미한다.

전체 범죄 대비 사기죄의 비중도 2017년 13.9%에서 2022년 22.6%로 높아졌다. 일본은 2019년 4.3%에 불과했던 것과 대조된다. 아울러 사기죄의 경우 동종 재범이 많다는 특성도 지니고 있다. 통계청에 따르면 2022년 사기 재범은 3만 3,063건으로 음주운전 등의 교통 재범 4만 8,949건 다음으로 많았다. 더욱이 재범을 일으키는 시간이 매우 짧은데, 사기범들이 다시 범죄를 저지른 기간을 보면 1년 이내가 1만 1,224건(34%)으로 가장 많았다.

한편, 사기는 거의 모든 연령층의 사람들을 대상으로 이뤄지는데, 특히 많이 당하는 연령대별 사기 수법의 유형은 다음과 같다.

연령대별 당하기 쉬운 사기 유형

청소년기	게임아이템, 중고나라, 보험, 모바일깡
성년기	차용금, 유사수신, 스미싱, 중고차, 전세보증금, 보이스피싱
중장년기	분양권, 불완전판매, 메신저피싱, 로맨스스캠, 대포통장
노년기	사이비종교, 기획부동산, 건강식품, 카드대납

자료: 통계청/ 사기의 세계

그러면 우리나라에는 왜 이처럼 사기죄가 범람하고 있는 것일까? 무엇보다도 낮은 양형 규정과 기준이 가장 중요한 원인으로 지적된다. 우리나라 「형법」상 사기죄는 10년 이하의 징역 또는 2,000만 원 이하의 벌금형에 처하도록 규정되어 있다. 다만, 이득액이 5억 원 이상이면 「특정경제범죄 가중처벌 등에 관한 법률(특경법)」에 의거 가중 처벌된다. 즉 이득액이 5억 원 이상 50억 원 미만일 때에는 3년 이상의 유기징역에 처할 수 있고, 이득액이 50억 원 이상일 때에는 무기 또는 5년 이상의 징역에 처하게 된다.

그런데 대법원 양형기준은 이보다 더 낮게 책정되어 있다. 일반사기의 경우 사기 금액이 1억 원 미만이면 기본 형량이 징역 6개월~1년 6개월, 1억 원 이상 5억 원 미만이면 1~4년이다. 5억 원 이상 50억 원 미만은 징역 3~6년, 50억 원 이상 300억 원 미만은 5~8년이고, 300억 원을 넘으면 징역 6~10년이 권고된다.

또 여러 죄를 한꺼번에 저질렀을 경우 미국 등 영미법 체계 국가들은 개별 범죄마다 형을 매긴 후 합산하는 병과주의를 채택하고 있다. 이에 범죄 건수에 따라 수백 년의 징역형도 선고할 수 있다. 반면, 우리나라는 가장 큰 형량에 2분의 1을 더하는 가중주의가 원칙이다. 우리 「형법」은 경합범 중 각 죄에 정한 형이 사형 또는 무기징역이나 무기금고 이외의 동종(同種)의 형일 경우에는 가장 중한 죄에 정한 장기(長期) 또는 그 다액(多額)에 2분의 1까지 가중한다고 규정하고 있다. 더욱이 가중한 형량에도 최대 50년이라는 상한선이 있다.

이러한 원칙과 기준에 따라 우리나라 사기범들에게 실제로 적용되는 처벌수위는 길어야 4~5년가량의 징역형에 그치는 게 일반적인 예이다. 더욱이 징역형의 집행유예가 나오는 경우도 많다. 이에 반해 미국이나 영국 등에서는 사실상 종신형까지 선고할 만큼 사기죄에 대한 엄벌주의를 고수한다. 중국과 베트남 등은 사형도 가능하다. 그래서 미국에서는 사기범이 100년 이상의 형을 선고받은 경우가 나오고 있지만, 우리는 역사상 40년형이 최대였다.

여기에 우리나라는 금전적 처벌도 약하다. 2022년 사기로 인한 피해금액이 29조 3,412억 원에 달했지만, 이 중 피해자에게 돌려준 회수금액 비중은 3~4%에 불과하다. 이에 일각에서는 "사기 쳐서 목돈부터 챙긴 뒤 감옥살이 좀 하다가 나와도 이득"이란 얘기마저 나오고 있다. 이처럼 사기죄에 대한 솜방망이 처벌이 사기죄 발생과 사기 재범 급증 등 악순환을 낳고 있다.

기술 발전도 사기범죄를 급증시키는 한몫을 했다. 정보통신기술과 핀테크(FinTech) 기술 발전은 금융거래의 편의성을 높이는 긍정적 효과도 있지만, 사기범죄의 효율까지 높여 놓았다. 대표적인 사례가 피싱(phishing)이다. 이는 불특정 다수에게 전화를 걸거나 문자를 보내 당황하게 만든 다음에 개인 및 기업으로부터 정보와 자금을 갈취하는 사기 수법이다. 불법 주식 리딩방이나 투자 사기도 마찬가지다. 메신저를 활용해 과거보다 훨씬 효율적으로 다수의 사람에게 사기를 칠 수 있다. 수십 년 전의 사기범들처럼 피해자를 모아 놓고 설명회를 할 필요가 없기 때문이다. 직접

만날 필요가 없으니 검거는 더욱 어려워졌다.

실제로 국내에서는 2015년을 기점으로 절도범죄보다 사기범죄가 더 많이 벌어지고 있다. 정보통신과 금융 기술이 발전하자 매년 현금 사용 비중이 줄어드는 추세다. 현금은 은행에 넣어 놔도 불편하지 않으니 지갑에 넣고 다니는 현금 규모도 줄었다. 절도가 쉽지 않아진 셈이다. 반면, 보이스 피싱(voice phishing) 같은 정보통신기술을 이용한 금융사기는 건수와 규모가 날로 커지고 있다, 특히, 디지털 기술에 취약한 노년층의 피해가 심각한 상황이다.

다양한 금융사기의 종류와 수법

한편, 금융사기란 금융거래 과정에서 타인을 속여 불법적으로 이득을 취하는 행위를 말한다. 금융사기는 피해자에게 금전적 손실, 신용점수 훼손, 정서적 고통, 법적 지위 손상 등 치명적인 피해를 초래할 수 있다. 금융사기의 직접적이고 구체적인 피해는 금전적 손실이다. 그러나 이보다 더 무서운 것은 사기를 당한 시점부터는 정상적인 사고방식이 어려워진다는 점일 것이다. 합리적 사고가 어려워지면서 일상생활까지도 무너지게 된다.

사기 피해자들은 우울증은 물론 분노 조절 장애, 대인기피증 등으로 수년간 고생한다. 통계적으로 사기범죄가 급증한 뒤에는 자살률이 높아지는 추세를 보인다는 연구 결과도 있다. 인과관계가 명확하다고 할 수는 없지만, 자살과 사기범죄 사이에 높은 상관성이 있다는 것은 부인할 수 없다.

금융사기 행각의 종류를 금융매개체별로 분류해 보면 다음과 같다.

대출 사기는 금융회사를 사칭해 대출금을 준다고 속이는 행위를 말한다. 수수료 등을 수취한 후에 잠적해버리는 형태로 주로 나타난다. 이는 특히 소액의 자금이지만 이를 긴급히 필요로 하는 젊은 층을 대상으로 빈번하게 발생한다. 신원도용 사기는 사회보장번호, 은행 계좌정보, 신용카드 정보 등 개인의 정보를 불법적으로 취득하고 사용하는 행위이다. 가해자는 피해자의 이름으로 계좌를 개설한 후 금융거래를 하면서 사기 행각을 벌인다.

폰지 사기는 투자자에게 높은 수익을 약속하지만, 이전 투자자에 대한 배당은 신규 투자자의 자금에 의존한다. 처음에는 합법적인 투자기회로 보일 수 있어 감지하기가 쉽지 않은 것이 현실이다. 그러나 이 수법은 운영자가 약속한 수익을 감당할 만큼 충분한 신규투자를 유치하지 못할 때 무너진다. 오늘날 거의 모든 금융사기의 기본 골격이 되고 있다.

투자사기는 투자와 관련된 사기로, 위험이 거의 혹은 전혀 없는 투자에 높은 수익을 약속하는 것이 일반적이다. 투자를 유인하기 위해 설득력 있게 보이는 홍보행위나 거짓 정보를 사용하는 수법을 동원한다. 이는 은행법, 저축은행법 등에 의한 인가나 허가를 받지 않거나, 등록· 신고 등을 하지 않은 상태에서 불특정 다수인으로부터 자금을 조달하는 행위인 '유사수신행위'의 범주에 속한다. 유사수신행위를 한 자는 「유사수신행위의 규제에 관한 법률」에 의거 5년 이하의 징역 또는 5천만 원 이하의 벌금형에 처해 진다. 그리고 유사수신행위 영업에 관한 표시 혹은 광고를 한 자는 2년 이하의 징역 또는 2천만 원 이하의 벌금이 부과된다.

주가조작 사기는 시세차익을 목적으로 자금력을 이용해 주가를 인위적으로 끌어올려 투자자들을 현혹한다거나, 거짓 정보를 흘려 타인을 속이는 등의 불공정거래를 의미한다. 정치 테마주와 같이, 실체가 불분명한 테마주와 연관되는 경우도 빈번하다. 주가조작에 의해 뚜렷한 이유 없이 주가가 급등하는 주식을 작전주(作戰株)라고 한다.

신용카드 사기는 피해자의 신용카드에 승인되지 않은 청구가 이뤄질 때 발생한다. 이는 카드 정보 도난, 카드 스키밍(card skimming) 혹은 피싱 공격으로 인해 발생할 수 있다. 보험사기는 보험사고의 발생, 원인 또는 내용에 관해 보험자를 속여 보험금을 추구하는 행위를 말한다. 즉 고액의 보험금을 노리고 살인, 자해, 고의충돌, 자기 재산손괴 등 고의적인 사고 유발행위를 뜻한다.

금융사기의 수법은 이처럼 매우 다양하지만, 큰 얼개는 다음과 같다. 사기범들은 먼저 투자목적의 회사를 설립한 후, 마케팅 전담 조직을 두고 홍보를 시작한다. 인터넷에 홈페이지를 만들고 페이스북, 카카오톡, 인스타그램 (Instagram) 등의 소셜미디어를 동원해 전파한다. 특히 홍보 후 일정 시간이 지나면 지워지는 기능이 있는 인스타그램을 많이 쓴다.

이후 단계에서 가장 중요한 점은 투자자들에게 원금보장과 고수익률을 강조하고, 확실히 수익이 들어오는 것을 보여주는 것이다. 이를 위해 조직원들이 홈페이지나 소셜미디어에 얼마만큼 많이 벌었다고 하면서 인증샷을 올린다. 그러면 선의의 투자자들이 현혹되어 새로이 들어온다. 특히 저학력자, 노인, 퇴직자, 20대 사회초년생 가운데 피해자가 많다.

그다음 단계로는 투자자들을 현혹하기 위한 수법을 쓰게 된다. 가장 전형적인 방법이 고급 호텔에서 투자설명회를 열고 돈을 번 사람들이 직접 경험담을 이야기한다. 이때 통상 전직 공무원이나 대학교수, 전직 금융기관 종사자, 대기업 임원 출신 등 사회 지도층 사람들이 동원된다. 물론 이들에게는 실제로 돈을 벌도록 해 주고, 강연을 통해 고객유치를 하면 유치수당도 지급한다. 여기부터는 다단계 사기가 된다. 이러한 방식을 통해 목표한 금액의 돈이 들어오면 사기범들은 갑자기 사라진다. 홈페이지가 차단되고, 사무실은 폐쇄되거나 직원들만 앉아 있는 경우가 많다.

그런데 문제의 심각성은 사기 수법이 금융 공학의 발전과 함께 천태만상 다양해지고 있을 뿐만 아니라, 고도로 지능화되고 교묘해지고 있다는 점이다. 하루가 다르게 새로운 금융상품과 금융기법들이 연이어 쏟아져 나오면서 이해하기 어려워지고 있다. 특히 파생상품들은 레버리지 효과(leverage effect)를 통해 거래되므로 투기성이 강하고 고위험을 수반한다. 이제는 디지털 자산인 암호화폐까지 등장하여 가장 빈번한 그리고 대규모의 사기 수단으로 활용되고 있다.

그 결과 이제는 전문가들조차도 사기를 당하기 일쑤다. 사기범들은 외환 딜러나 증권사 직원 출신들을 모집책으로 끌어들여 피해자들에게 접근하는 경우가 많아졌다. 이들은 전문적인 식견과 경륜을 내세워 투자를 권유한다. 더욱이 통상의 수준을 훨씬 뛰어넘는 고수익을 제시한다. 이로 인해 금융상품의 구조를 정확히 모르는 상태에서 투자수익에 대한 욕심에 이끌려 사기를 당하는 피해자들이 많이 발생하고 있다.

더욱이 정보통신기술의 발전은 사기 수법을 한층 더 진화하고 고도화시켜 놓았다. 즉 스마트폰 보급이 일반화되면서 전기통신금융사기인 피싱이 급증하였다. 그리고 피싱은 또다시 보이스 피싱(voice phishing), 메신저 피싱과 스미싱(Smishing), 파밍(Pharming), 큐싱(Qshing) 등으로 분화 및 진화되고 있다. 이에 수사당국들도 처음 보는 사기 수법들이 새로 생겨날 정도로 발전하고 다양화되고 있다.

사칭 계좌를 이용한 리딩방 사기

얼마 전부터는 리딩방 사기가 극성을 부리고 있다. 리딩방이란 메신저를 통하여 주식 종목을 추천하거나 투자에 도움을 주기 위해 만들어진 모임 공간으로 대부분은 사기다. 리딩방은 다시 무료 리딩방과 유료 리딩방으로 구분되는데, 모두 참여자를 이용하여 수익을 올리려는 사기인 경우가 대부분이다.

무료 리딩방은 종목을 추천하는 척하며 주가조작에 이용하는 경우가 많다. 투자를 대신 해준답시고 입금액을 받고 먹튀하는 경우도 있다. 이 방에 들어가면 주식을 추천하면서 이걸 왜 사야 하는지 굉장히 그럴듯한 이유를 댄다. 이처럼 처음에는 무료 또는 저렴한 방에서 활동하게 하다가 바람잡이가 고액방에서 큰 수익을 올렸다는 이야기를 흘리면서 더 많은 돈을 들여 고액 유료방으로 옮길 것을 유도한다. 이 유료방은 대부분 등급제로 운영되는데, 연간회원권이 수천만 원에 달하는 고액방도 존재했다.

특히, 최근 들어서는 유명인들의 지명도를 악용해 주식투자 정보를 제공한다며 리딩방 가입을 유도하는 광고가 소셜네트워크서비스(SNS)에서 쏟아지고 있다. 이런 광고가 게재된 링크(link)를 클릭(click)하면 어떤 피해가 발생할지를 알 수 없으므로 각별한 주의가 요구된다. 국내에 널리 알려진 유명인사의 얼굴과 명의를 도용한 가짜 혹은 사칭 광고 계정이 대부분이기 때문이다. 이들은 자칭 교수, 전문가, 일타를 자청하며 사진과 이름을 내걸고 활동하지만, 사실 대부분 사칭으로 개인 SNS에 올려놓은 사진을 도용한 것이다. 물론 때로는 이들 유명인이 투자자 유인을 위한 얼굴마담으로 내세워지거나, 투자에 실제로 참여하는 경우가 없지는 않다.

그런데 이러한 광고를 믿고 투자한 피해자들이 속출하고 있어 파장이 커지고 있다. 여기에 자신의 사진과 이름을 도용당한 유명인의 피해 또한 커다란 사회적 문제로 부상하고 있다. 이처럼 리딩방 문제에 엮여 난처해진 당사자들은 본인 SNS에 '리딩방을 운영하지 않는다'라는 공지사항을 올리기도 했고, 급기야는 기자회견을 열어 리딩방이 자신들과 무관함을 선언하는 사태까지도 벌어졌다.

사칭 계정 대부분은 유명인 사진과 함께 '상당한 수익을 내었다', '손실을 본 적 없다', '100% 성공률을 보장한다' 등의 일반인이라면 솔깃할 내용의 광고문을 올린다. 더욱이 인공지능(AI) 기술이 발전하면서 이러한 사칭 및 도용 사례가 늘어나고 사기 수법도 교묘해지고 있다는 데 문제의 심각성이 있다.

그런데 이처럼 투자자들이 리딩방으로 인해 피해를 보았다고 해도 사기 혐의 적용이 쉽지 않았다. 그들은 단지 정보를 제공했을 뿐이라고 주장하기 때문이다. 이런 폐해를 불식하기 위해 「자본시장과 금융투자업에 관한 법률(자본시장법)」이 개정되어 2024년 7월부터 시행된다. 이에 의하면 SNS, 오픈 채팅방 등 양방향 채널로 유료 회원을 모집해 영업하는 주식 리딩방의 경우 당국이 관리하는 투자자문업체만 운영할 수 있게 명시했다. 나머지 유사 투자자문업자는 대화가 불가능한 채팅방이나 일방적인 메시지 전송, 알림톡 등으로만 투자 조언을 할 수 있다. 이를 위반할 경우 미등록 투자자문업자로 분류돼, 3년 이하의 징역이나 1억 원 이하의 벌금이 부과된다.

로맨스 스캠(Romance Scam)

최근에는 로맨스(romance)와 스캠(scam)의 합성어인 '로맨스 스캠(Romance Scam)'이 기승을 부리고 있다. 이는 피해자에 대한 이성 혹은 친구로서 관심을 가장하여 피해자의 호감을 얻은 다음, 이를 이용해 돈을 송금케 하는 등 피해자를 상대로 사기를 저지르는 것이다. 피해자의 금품이나 은행 계좌, 신용카드, 여권, 이메일 계정, 주민 등록 번호에 접근하거나, 피해자가 사기범의 이익을 위해 사기를 저지르도록 강요하는 것을 포함한다.

가장 기본적인 의미에서 로맨스 사기는 다음과 같은 단계를 밟는다. 우선 사기범은 일반적으로 가짜 신원을 사용하여 낭만적인 관계를 가장하여 피해자에게 접근한다. 이후 사기범은 피해자와 개인적 관계를 발전시키며 종종 피해자의 가장 깊은 욕망, 불안 및 약점을 노린다. 마지막으로 어떤 형태의 신뢰와 친밀감이 형성되면 사기범은 피해자에게 암호화폐 등에의 투자 혹은 돈이나 기타 귀중품을 요구한다.

사실 그동안 피싱은 다양한 수법이 각종 미디어에 많이 노출되었기에 사람들이 주의를 기울이게 되었고 피해액도 점차 감소하는 추세이다. 그러나 로맨스 스캠은 아직 잘 알려지지 않은 신종 범죄이기에 피해자와 피해 금액이 매년 늘어나고 있다. 국가정보원이 밝힌 로맨스 스캠 피해 금액은 2020년 3억 7천만 원→ 2021년 31억 3천만 원→ 2022년 39억 6천만 원→ 2023년 55억 1천만 원으로 늘어났다.

과거 로맨스 스캠 사례들은 주로 SNS로 접근해 자신을 해외 파병된 장교급 군인, 의사, 외교관 등으로 소개하며 이성에게 호감을 산 후, 돈을 요구하는 수법이 대부분이었다. 그러나 이런 유형은 이제 구시대적인 수법으로 치부되면서 날이 갈수록 그 수법이 다양하고 교활해지고 있다. 특히 2023년 10월경 발생한 '전청조 혼인빙자 사기 사건'은 우리 사회에 커다란 경종을 울리는 계기가 되었다.

이러한 사기가 가능한 이유는 SNS가 발달하여 상대방과의 통신이 편리해진 데 기인한다. 즉 상대방과 만날 필요가 없이 메시지를 주고받으며 자연스러운 교제를 할 수 있기 때문이다. 실제로 로맨스 스캠 피해자 수는 20대 여성이 가장 많고, 피해액은 40대 이상 남성에게서 가장 많이 나타났다. 로맨스 스캠 피해 예방을 위해서는 SNS에서 무분별한 친구 추가 자제, 금전 관련 이야기가 나오면 의심, 상대가 보낸 URL 접속 금지, SNS에 자세한 개인정보 게재나 사생활 노출의 자제 등이 필요하다.

금융사기가 반복적으로 일어나는 사유

금융사기의 본질과 기본 원리는 예나 지금이나 거의 변하지 않았고 대동소이하다. 그런데도 비슷한 사건이 반복되는 이유는 무엇일까? 이는 금융회사의 탐욕, 투자자의 도덕적 해이, 금융당국의 감독부실과 솜방망이 법 적용 등이 혼연일체가 되어있다.

기본적으로는 고수익에 눈이 멀어 명백한 위험을 외면하는 투자자와 금융회사의 탐욕이 도사리고 있기 때문일 것이다. 사실 금융사기가 발생하는 근본 원인은 수법이 정교해서라기보다도 오히려 피해자의 판단이 흐려진 데서 비롯된다고 하겠다. 사기범은 단지 교묘한 언행으로 그 틈을 파고드는 것이다. 더욱이 돈이 시급하게 필요한 상태이거나 심적으로 어려운 상황에 놓여 있다면 순간적으로 사기에 넘어갈 수가 있다. 욕심이나 공포, 외로움 등 본능적 욕구 때문에 판단에 오류가 발생하는 존재가 인간이다. 타인의 사기 사례를 보고 비웃던 사람도 판단 오류에 빠지면 사기 피해자가 될 수 있다.

이와 함께 수익만을 좇아 고객의 피해나 손실을 등한시하는 금융회사의 행태에도 기인한다. 이는 「금융소비자 보호에 관한 법률(금융소비자보호법)」 등 투자자 보호를 위한 제도적 장치가 마련· 시행되고 있지만, 여전히 불완전 판매가 일어나고 있는 현실에서 잘 나타나고 있다. 심지어 직원의 성과 평가를 함에 있어 고객에게 피해를 초래할 우려가 큰 고위험 상품을 더 많이 판매한 직원을 우대하는 금융회사도 없지 않았다.

그리고 느슨한 금융감독과 법 집행도 문제를 키웠다. 금융회사를 감독하는 금융당국 또한 불완전판매 등 금융사의 과실이 인정되면 확실한 배상 및 법적 책임을 지워야 한다. 그러나 규제 완화라는 명분을 앞세운 당국은 소극적인 대응 자세를 견지해 왔다. 사실 이상한 기미가 보이거나, 선제적 제재를 가했더라면 더 큰 피해를 막을 수 있었을 금융사기 사건이 한두 건이 아니다. 아울러 사법당국도 엄정하게 법을 집행하여야 한다. 솜방망이 처벌로는 금융사기의 재발을 방지하기 어렵다. 미국 등 금융 선진국처럼 사기죄에 대해서는 가혹하다고 할 정도로 무관용의 엄격한 처벌이 필요하다.

금융사기를 회피하는 방안

그러면 금융사기를 당하지 않으려면 어떻게 하여야 할까? 나도 언젠가는 당할 수 있다는 경계심을 가지고, 새로운 범죄 수법을 항상 주시하고 숙지하는 게 최선의 예방법이다.

첫째, 은행 이자보다 훨씬 높은 수익을 보장한다면 의심해야 한다. 이는 특히 다단계 방식의 폰지 사기(Ponzi scheme)일 가능성이 크다. 이 경우 초기 얼마 동안에는 원래 제시한 고율의 배당금을 제때에 잘 지급한다. 이 때문에 피해자들은 쉽게 속아 넘어간다. 그러나 이는 대부분 떡밥으로, 종국에는 뒤에 투자한 사람의 돈으로 처음에 투자한 사람에게 높은 배당금을 지급하는 수법임이 드러나게 된다. 사실 요즘같이 경쟁이 치열한 경제구조에서는 높은 투자수익을 올리기란 매우 어렵다. 이런 고율의 배당금을 지급할 수 있는 사업이라면 요란하게 떠들어 대기보다는 오히려 쉬쉬하며 숨기는 게 더 일반적일 것이다.

둘째, 투자사업의 구체적인 내용을 이야기하지 못하면 의심해야 한다. 모집책이 사업의 수익률이 높다고만 이야기할 뿐, 사업의 구체적인 내용을 설명하지 못할 때도 있다. 이 경우에는 회계자료나 재무제표를 제시하라고 요청해 볼 필요가 있다. 이들은 사업의 실체를 확인할 수 있는 가장 기본적인 자료이기 때문이다. 자료를 제시하지 못하면 사기극일 가능성이 크다.

셋째, 지명도가 높은 연예인이나 정치인 이름이 거론되면 의심해야 한다. 대규모로 사기를 치려면 광범위한 대중의 신뢰를 얻어야 한다. 신뢰를 얻기 위해서는 유명 연예인이 투자에 참여하고 있다거나, 또는 정치인이 후원하고 있다고 선전하기도 한다. 실제로 연예인이나 정치인이 나타나기도 한다. 그러나 이러한 홍보 수법이 상대적으로 많으면 일단은 의심해야 한다. 사업의 실체나 내용을 설명하여 투자를 유치하기 힘든 경우 뒷배경을 강조하는 경향이 있다.

넷째, 수시로 설명회를 개최하거나 단체여행을 가면 의심해야 한다. 고율의 이윤을 보장하면 의심하는 사람들이 생기게 된다. 이를 방지하기 위해 수시로 설명회를 개최하고 여행을 가면서 피해자들과 사기범과의 인간적 교류를 심화시키는 수법을 동원한다. 그런데 그 목적은 피해자들이 의심하지 못하도록 세뇌하는 데 있다.

다섯째, 갈수록 기승을 부리고 있는 IT 기술기반의 신종 금융사기를 예방하려면 사전교육, 경계, 사이버보안 조치 등이 필요하다. 즉 강력한 비밀번호 사용, 정기적인 금융계좌 모니터링, 민감한 정보에 대한 요청 확인, 그리고 새로운 사기 수단에 대한 최신정보를 얻기 위한 노력을 해 나가야 한다. 아울러 검증되지 않은 자체 제작 프로그램을 설치하라고 시키거나, 별도로 제작된 홈페이지로의 접근을 유도하는 경우에도 주의해야 한다. 당연히 가짜 사이트이며, 수익률 및 계좌 잔액 등도 모두 가짜이다.

금융 피라미드 사기

아무런 위험을 부담하지 않고서 짧은 기간에 높은 수익을 올리는 것이 가능할까? 모든 세상 사람들이 이를 꿈꾸지만, 현실에서는 거의 불가능한 일이다. 하지만 고수익을 바라는 사람들의 마음을 악용하여 자신의 이익을 채우려는 사람들이 종종 나타나고 있다. 그중 하나가 바로 금융 피라미드 사기, 즉 다단계 사기이다. 통상 '폰지 사기(Ponzi scheme)'라고도 한다. 이는 1920년대 초반 금융 피라미드 사기 사건을 최초로 저지른 찰스 폰지(Charles Ponzi)의 이름을 딴 것이다.

금융 피라미드 사기란?

금융 피라미드 사기란 실제 아무런 이윤 창출 없이 투자자들이 투자한 돈을 이용해 투자자들에게 수익을 지급하는 다단계판매 수법을 활용한 금융사기를 말한다. 이의 기본 구조는 다음과 같다. 우선 A는 최초 가입비를 내고 회원이 되고 A는 수익을 올리기 위해 새로운 B와 C를 회원으로 가입시킨다. 이때 B와 C 역시 최초에 가입비를 낸다. 이후 A는 B와 C로 인해 발생하는 수익 일부를 가지게 된다. B와 C 역시 A와 같이 재차 신규 회원을 모집하고 수익을 올릴 수 있으며, A는 여기에 대해서도 일정 부분 수익을 나누게 된다. 즉 A는 다단계가 확장되면서 기하급수적으로 많은 소득을 올릴 수 있게 되는 것이다.

그러나 이런 과정에서 실제 이윤을 창출할 수 있는 사업은 전혀 수행되지 않으며, 수익의 대부분은 사람 장사를 통해서 만들어진다. 또한, 신뢰성을 높이기 위해 검증되지 않은 성공 사례 등을 이용해 사람들을 현혹한다. 중요한 것은 피라미드 사기에서 조직 하부에 있는 사람들은 아무런 이득을 보지 못하고, 모든 수익은 조직 상부로 집중된다는 점이다. 즉 다단계의 최정점에 있는 사람과 그 주변의 극소수만이 큰돈을 벌 수 있다. 조직의 하부로 내려갈수록 수익은 급속히 줄어들고, 가장 큰 피해를 보는 사람들은 새로운 가입자를 모집하지 못한 다단계의 가장 아래에 있는 사람들이 된다.

다단계판매와 피라미드 사기는 유사하면서도 차이가 있다. 둘의 차이점은 물건 판매와 같이 실제 이윤을 창출하는 수단이 있는지의 여부이다. 그러나 실제 이윤을 창출하는 다단계판매 역시 합법과 불법의 경계에 있으며 논란의 여지가 있는 것은 사실이다. 이러한 논란을 없애고 사행적 확장행위를 금지하기 위해 2002년 「방문판매 등에 관한 법률(방문판매법)」이 개정되었다.

즉 다단계판매 회사를 등록제로 변경하고 자본금 요건을 5억 원 이상으로 규정했을 뿐만 아니라, 직접판매공제조합 등과 같은 소비자피해보상 보험에 가입하도록 함으로써 혹시 모를 청약철회 미이행에도 대비토록 하였다. 따라서 다단계에 가입하기 전에 판매사가 직접판매공제조합에 가입되어있는지 및 등록 여부를 확인하는 것이 중요하다.

한편, 금융 피라미드 사기의 경우에는 대부분 신규 투자자를 끌어들이기 위해 보통의 정상적인 투자가 보장할 수 없는 고수익을 단기간에 매우 안정적으로 보장해 준다고 광고한다. 그리고 처음 얼마 동안은 실제로 높은 수익금을 지급한다. 이런 방식을 통해 성공적인 폰지 사기일수록 규모가 기하급수적으로 커진다. 또 초기 극소수의 투자자들은 투자금 이상의 수익을 취하게 된다. 그러나 이 사람들은 프로젝트의 열렬한 신봉자가 되어 결국 다른 많은 사람들을 수렁에 빠뜨리는 사기범의 조력자가 된다.

일부 수익금을 받은 투자자들은 이를 금융회사가 투자사업을 통해 벌어들인 수익이라고 생각하지만, 실제로는 자신이 낸 돈이거나 새로운 투자자들의 투자금일 뿐이다. 사기범들은 실제로는 아무런 사업도 하지 않는다. 이와 같은 금융 피라미드 사기는 언젠가는 무너질 수밖에 없는 구조를 지니고 있다. 금융 피라미드 사기가 들키지 않고 유지되기 위해서는 새로운 투자금이 지속해서 들어와야 한다. 왜냐하면, 새로운 투자자의 돈으로 기존의 투자자에게 수익금을 지급하는 구조이기 때문이다.

즉, 새로운 투자자 돈으로 기존의 투자자 배당금을 지급하는, 소위 아랫돌 빼서 윗돌 괴는 식의 메커니즘이다.

폰지 사기는 계속 뒷순위 투자자가 들어오는 한 어떻게든 유지된다. 그러나 새로운 투자자를 충분히 확보하지 못하거나, 기존 투자자들이 이탈하는 경우 피라미드는 무너지게 된다. 투자자들이 빠져나가는 사태를 막기 위해 아무리 사탕발림 거짓말을 늘어놓더라도, 투자자가 더 이상 기하급수적으로 모이지 않는 한계점이 분명히 존재하기에 피라미드는 영원할 수가 없다. 이처럼 투자자들이 줄어들고 누적된 투자금의 양도 줄어들기 시작하면, 피라미드 최정점에 서 있는 사기범들은 슬슬 남은 돈을 가지고 도망쳐버린다.

폰지 사기의 특성과 예방법

폰지 사기의 특성과 이를 피해 나가는 방안에 대해 좀 더 구체적으로 알아보자. 첫째, 항상 높은 수익률을 제시한다. 폰지 사기와 일반적인 금융투자의 대표적인 차이는 바로 이 '높은 수익률'에서 찾을 수 있다. 투자 수익률은 경제 여건과 시장의 흐름에 따라 변하기 마련이다. 따라서 시류와 상관없이 항상 고수익만을 기록하기란 불가능하다. 그런데도 이 기본 원칙을 거스르는 것은 결국 투자한 돈이 시장과 관련 없는 곳으로 흘러 들어가고 있음을 방증하는 것밖에 안 된다. 따라서 구체적이면서도 높은 수익률을 제시하며 투자를 권유하는 사람이 있다면 일단은 폰지 사기범으로 의심해야 한다.

둘째, 폰지 사기의 또 다른 특징은 바로 포트폴리오(portfolio)의 불투명성이다. 고수익을 보장한다고 장담하면서도 정작 돈을 어떻게 굴리고 있는지는 제대로 가르쳐주지 않는다는 것이다. 만약 주식에 투자한다면 종목과 투자액이 있을 것이고, 실물이나 부동산에 투자하더라도 내역이 있기 마련이다. 그런데 운용보고서라고 보내온 한 장짜리 명세서에 투자금액과 수익률만 덩그러니 기록되어 있다면, 혹은 그런 것도 없이 그냥 잘 돼간다며 접대 등으로 적당히 넘어가려 한다면 폰지 사기일 확률이 높다.

셋째, 입금 계좌가 투자자 본인 명의가 아닌 경우는 무조건 사기이다. 이제는 폰지 사기 수법이 많이 알려져서 초보적인 사기 수법으로는 투자자를 모집하기 힘들게 되었다. 따라서 최근에는 투자자문사를 설립 혹은 인수해서 합법적으로 자금을 모집하고 실제 투자를 하는 것처럼 속이거나, 투자일임계약서 작성과 더불어 여러 가지 교묘한 방법으로 폰지 사기가 아닌 것처럼 속이기도 한다.

이럴 때는 단 한 가지만 확인하면 된다. 투자일임 시 투자금을 투자자 본인 명의의 계좌로 입금하는 것이 아니라면 무조건 사기 혹은 불법이다. 투자자문을 위장한 폰지 사기라면 돌려막기나 빼돌리기를 위해서 대표의 개인 계좌나 법인 명의의 계좌로 입금을 요구할 수밖에 없다. 물론 내 명의의 계좌로 입금하더라도 출금이 가능한 현금카드나 공인인증서를 제공하면 안 되는 것은 당연하다.

넷째, 과장된 홍보 수법을 동원하거나 수시로 연찬회 등 모임행사를 가지면 의심해야 한다. 대규모로 사기를 치려면 광범위한 대중의 신뢰를 얻어야 한다. 신뢰를 얻기 위해서는 유명인이 투자에 참여하고 있다고 선전하거나, 이들이 실제로 나타나기도 한다. 혹은 수시로 설명회를 개최하고 여행을 가면서 피해자들과의 인간적인 교류를 심화시키는 수법을 동원하기도 한다. 그런데 그 목적은 피해자들이 의심하지 못하도록 세뇌하는 데 있다.

폰지 사기의 유래

폰지 사기의 유래는 100년 전으로 거슬러 올라간다. 1920년대 대공황을 앞둔 시기에 미국의 찰스 폰지가 벌인 다단계 금융사기 방식이 유명해지면서 이후 그의 이름을 따서 폰지 사기로 부르기 시작했다. 다만, 이러한 사기 수법을 폰지가 처음 이용한 것은 아니었다. 그가 행한 사기 규모가 상대적으로 커서 미국 내 전국적인 관심을 끈 첫 사례였기 때문에 '폰지 사기'라는 이름이 붙여진 것이다.

찰스 폰지(Charles Ponzi)는 1903년 미국으로 온 이탈리아 출신 이민자였다. 그는 젊은 시절 캐나다 몬트리올의 한 은행원으로 일했다. 그 은행은 파격적인 예금 이자를 지급했는데, 방법은 신규 가입자의 예치금을 활용해 선행 가입자에게 지급하는 것이었다. 그는 여기서 자신의 사기 수법의 힌트를 얻었다. 이제 적절한 아이템(item)을 선정하는 문제만 남았다.

이후 그가 선택한 아이템은 '국제 반신 우표권(IRC)'이라는 회신 쿠폰이었다. 이 쿠폰은 우편 발송인이 수취인의 답신 요금을 면제할 수 있는 우표권으로, 만국우편연합에 가입한 국가라면 어디서든 우표로 교환할 수 있었다. 그런데 당시에는 정보망이 느리고 부실했을 뿐만 아니라 환율의 차이도 컸다. 이에 따라 같은 IRC가 파리에서는 1달러, 뉴욕에서는 3달러 하는 식으로 지역에 따라 가격이 크게 달랐다.

그래서 폰지는 국내의 돈으로 해외의 우표를 사서 바꾸는 차익거래를 통해 돈을 크게 벌 수 있다며 투자자를 유혹하였다. 그런데 문제는 폰지가 이 사업을 진심으로 진행할 생각이 전혀 없었다는 것이다. 그는 애초부터 사기를 칠 생각에 몰두해 있었다. 단지 투자자들을 끌어모으기 위한 그럴싸한 사기 술책만이 필요했던 것뿐이었다. 그래서 엄청난 투자수익률을 보장하였다. 45일 만에 원금의 50%를 보장했다. 90일이면 원금의 100%를 수익으로 받을 수 있다는 계산이 나온다.

그러나 이 같은 파격적 수익 배당은 실제 투자수익이 아닌, 뒤늦게 뛰어든 이들의 돈을 앞선 투자자에게 나누어 준 결과물에 불과했다. 그는 신규 투자자들에게서 모은 돈으로 기존 투자자들에게 배당금을 지급하면서 사기 규모를 점차 불려 나갔다. 나중에는 폰지의 이름이 유명해져서, 투자자들이 수익을 보지 못하면서도 계속 소문을 듣고 폰지에게 투자하는 현상까지 벌어졌다.

당연한 일이지만 꼬리가 길면 밟히는 법이다. 폰지의 사기는 조셉 대니얼스라는 사람이 사업파트너라며 폰지에게 수익 배분을 요구하면서 피라미드가 흔들리기 시작했다. 법원이 영업중지 명령을 내리고, 투자자들은 불안에 떨며 돈을 빼가려 하면서 사기의 내막이 드러났다.

결국, 사기가 들통나자 그는 같은 해 연방법원에 기소되었다. 언론도 사기를 파헤치는 데 한몫했다. '보스턴 포스트(Boston Post)'는 실제 존재하는 쿠폰보다 더 많은 수익이 폰지의 사업에서 발생하는 점을 지적했다. 당시 약 2만 6천 개의 쿠폰이 실제로 유통됐는데, 폰지 사업의 수익률을 고려하면 쿠폰이 1억 6천만 개 이상이 필요하다는 점을 밝혔다. 그의 사기로 인한 경제적 피해와 손실은 실로 막대했다. 하노버 신탁 은행을 포함한 5개 이상의 은행이 도산했고, 투자자들이 입은 총 피해 금액은 당시 2천만 달러였던 것으로 추정된다. 현재 가치로는 10배도 더 되는 2억 달러 이상이다.

메이도프 폰지 사기

폰지의 사기 수법은 이후 수많은 범죄자들이 모방 활용하면서 금융 사기의 고전적 모델이 되었다. 그로부터 100여 년의 세월이 흐르는 동안 무수히 많은 폰지 사기가 맹위를 떨쳤다. 드디어 역사상 최대 피해 금액을 낸 사건이 2008년 미국에서 터졌다. 미국의 대표적 증권거래소인 나스닥(Nasdaq) 위원장을 지내기도 한 버나드 메이도프(Bernie Madoff)는 총 650억 달러, 우리나라 돈으로 80조 원 이상의 피해를 발생시킨 대규모 폰지 사기를 벌였다. 그는 1970년대 초부터 약 40년 동안 전 세계 130여 개국에서 약 3만 7천 명을 상대로 금융사기를 저지른 희대의 범죄자였다. 특히 다수의 금융회사와 영화감독 스티븐 스필버그 등 많은 유명 인사들도 피해를 보았다.

메이도프 사기의 근간은 그가 20대에 설립한 메이도프 투자증권이었다. 물론 20대부터 사기를 친 것은 아니고, 사기의 시작은 그의 이름이 높아질 때부터였다. 메이도프의 사기는 폰지보다 더욱 교묘했다. 이자는 10% 정도로 안정적이었다. 사람들은 메이도프의 이름을 믿고 투자했고, 돈이 계속 유입되면서 다단계 폰지 방식은 굳건했다. 하지만 실제로는 고객이 맡긴 돈을 어디에도 투자하지 않은 채 사기를 저지르고 있었다. 고객들에게는 허위 투자보고서를 발송해 사실을 숨겼다.

메이도프의 사기는 완전범죄가 될 수도 있었다. 그러나 영원할 것만 같았던 메이도프의 피라미드는 2008년 글로벌 금융위기로 인해 무너지고 말았다. 당시 금융권에 대한 불신이 증폭되면서 많은 투자자들이 원금 상환을 동시에 요구하는 일종의 뱅크런(Bank-run) 사태가 벌어졌다. 그러나 이들에게 돌려줄 원금을 진작에 탕진해버린 메이도프는 경찰에 자수하면서, 그의 사기행각은 결국 세상에 드러나게 되었다. 그는 2009년 기소되어 150년의 징역형을 선고받고 미연방교도소에서 복역하다가, 2021년 4월 82세의 나이로 사망했다.

제이유(JU) 다단계 사기 사건과 조희팔 사건

국내에서도 크고 작은 다단계 사기 사건이 끊임없이 벌어지고 있다. 그중 대형 사건 몇 개만 소개한다. 우선, 2006년에는 제이유 그룹 다단계 사기 사건이 터졌다. 2000년 무렵 다단계 회사 '제이유(JU) 그룹'을 설립한 주수도 회장은 강남에 본사를 두고, 일요일마다 직접 '주수도의 일요 특강'이라는 다단계 사업 설명회를 개최하며 많은 이들에게 이름을 알렸다. 이후 매일 수당을 지급하고, 생활필수품을 구매하기만 해도 포인트로 돌려주는 방식을 창안해 '소비생활 공유마케팅'이라고 이름 붙여 사람들을 현혹했다.

이는 '캐시백(cashback)' 방식과 유사하다. 그러나 회원을 10단계로 나눠 상위 회원일수록 더 많은 돈을 가져가는 것은 여느 다단계판매와 방식이 같았다. 더욱이 수익률이 최대 250%에 이를 정도로 높았기에 회원 유치가 원활히 이루어졌다. 특히, 실적평가가 오직 구매 성과 수치만을 고려해 이뤄졌기에 많은 사람을 현혹할 수가 있었다.

이후에도 주 회장은 해외 진출, 제주도 관광단지 개발, 강화도 실버타운 설립 등 공격적인 사업 활동을 통해 대내외 잡음을 진화했다. 또한, 국내 석유 시추 개발사업 계획까지 띄우며 그룹의 위상을 확고히 다져나갔다. 더욱이 정치인과 연예인 등 60여 명을 얼굴마담으로 내세우며 기업의 신뢰도를 한층 더 공고히 다져 나갔다.

그러나 사업이 3년 차로 접어들면서부터 한계에 직면하면서, 어느 날 갑자기 현금 지급을 중단하는 사태가 벌어졌다. 이런 상황이 벌어지자 주모자들은 회원들에게 더 많은 금액을 투자하라고 압박해 나갔다. 또한, 회원 개개인에게 "너만은 구제해 주겠다"라는 식의 설득을 통해 더 많은 피해자를 양산했다. 결국, 이는 초대형 다단계 사기 사건으로 드러나게 되었다. 당시 피해자 수가 최소 9만여 명, 총피해액은 2조 원대에 이르렀다. 이후 주수도 회장은 12년의 징역형을 선고받고 복역 중이다. 그런데 감옥살이하는 가운데서도 각종 사기행각을 벌이다가 추가적인 형벌까지 받게 된 것으로 전해졌다.

연이어 2008년에는 피해 금액이 무려 4~5조 원에 달하는 대규모 폰지 사기 사건이 벌어졌다. 의료기 역렌탈 계약 사기로 최소 4~5조 이상을 편취한 사기범인 조희팔은 JU그룹의 주수도 회장을 누르고 최대규모 사기를 저질렀다. 특히, 이 과정에서 검찰, 경찰 등의 관련 정부 기관에 막대한 뇌물을 뿌린 것이 드러나 큰 논란이 됐었다.

2004년부터 그는 의료기기를 구입해서, 이를 소비자들에게 임대하는 방식을 통해 고수익을 낸다고 홍보하여 투자자의 돈을 모았다. 이후 지속적으로 수익금을 지급하면서 신뢰를 쌓고 회원을 늘려 전국에 걸쳐 수십 개 법인과 49개소의 센터를 운영했다. 점차 사업구상을 과장해 전국의 모텔이나 찜질방 등에 기기를 설치해 임대수입을 올린다는 내용으로 사람들을 속였다. 그러나 이는 헛소리에 불과했고 수익은 거의 나지 않았다. 결국, 뒷사람에게 받은 돈의 일부를 앞 사람에게 수당으로 지급하는 형태인 전형적인 폰지 사기임이 드러났다.

당시 피해자의 대부분은 서민이었고, 전 재산은 물론 친척과 지인들의 돈까지 끌어다 쓴 바람에 개인파산과 가정불화로 이어지는 사례가 비일비재했다. 더욱이 10여 명의 투자자는 절망감에 자살까지 하는 등 경제 사회적 파장과 후유증이 매우 컸다. 그런데도 정작 사기 주모자인 조희팔은 중국으로 도주한 채 그 생사가 아직도 오리무중인 상태이다.

MBI 사태

2010년대 중반 무렵 발생한 MBI 사태는 아직도 마무리되지 않은 상태로 진행 중이다. MBI(Mobility Beyond Imagination)는 말레이시아에 본부를 둔 국제 사기조직이다. 소셜네트워크와 암호화폐 투자를 앞세워 한국뿐 아니라 중국· 홍콩· 대만· 싱가포르· 일본 등에서 사기행각을 벌였다. 전 세계적으로는 10조 원 이상, 한국에서만 5조 원 정도의 피해를 발생시킨 다단계 사기 집단이다. 이처럼 피해 금액 5조 원, 피해자 8만 명에 이르는 역사상 최대규모의 사기 사건이지만, 일반인들에게는 그다지 잘 알려지지 않았다.

MBI의 사기 수법은 광고권 구매와 암호화폐로 피해자를 유인하는 것이었다. 그리고 투자유치를 위해 다단계 방식의 사기 수법을 동원하였다. 다른 투자자를 끌어오면 투자금의 일부를 수당으로 주겠다는 수법으로 피해자들을 유인했다. MBI 모집책들은 자회사인 엠페이스(Mface)가 중국· 홍콩· 대만· 싱가포르 등 중화권 7억 5천 명이 이용하는 소셜네트워크서비스(SNS) 업체이며, 여기에 투자하면 엠페이스 광고권과 GRC라 불리는 암호화폐를 준다고 광고했다.

모집책들은 GRC가 1년에 2배씩 가치가 오르고, 말레이시아에서는 화폐처럼 쓸 수 있으며 현금으로 환전도 가능하다고 선전했다. 아울러 조만간 엠페이스가 미국 나스닥(Nasdaq)에 상장되고, 투자자들에게는 상장된 회사의 주식을 나눠준다고 했다. 그러나 나스닥 상장이 안 되자, 이제는 다시 수익성이 좋은 암호화폐를 분배해 준다며 피해자들을 유인했다. 그런데 엠페이스는 실체가 없는 유령회사였고, GRC는 실제로 가상화폐

거래소 시장을 통해 유통되는 암호화폐가 아니었으므로 현금으로 환전하는 것 자체가 불가능했다.

MBI는 우리나라에 2012년 5월부터 들어온 후 10여 년 동안 지속해서 사기행각을 벌여왔다. 그러던 중 MBI 회장 테디 토우가 2017년 6월 말레이시아에서 사기 혐의로 체포됐고, 2018년 5월 구속됐다가 보석으로 석방된 뒤 해외로 도주하는 일이 벌어졌다. 그런데도 한국의 MBI 모집책들은 마치 회사가 살아 있는 것처럼 속이고, 가짜 프로그램을 연달아 내놓으며 제2, 제3의 사기행각을 이어갔다. 이처럼 MBI의 사기가 계속되고 있음에도 검찰과 경찰은 수사에 미온적이었다. 그러다 보니 한국의 모집책들은 별일 없다는 듯이 사기행각을 강행하며 피해자를 양산했다.

이처럼 MBI 사태가 문제시되자, 국제사회에서는 모집책 등 관련 범죄자에 대한 강력한 응징을 보였다. 대만에서는 MBI 모집책들 20명에 대해 최소 징역 7년 이상의 형을 선고했고, 마카오는 MBI 회장 테디 토우와 자녀들을 지명수배했다. 반면, 피해자와 피해액이 가장 많은 한국에서는 고작 4명이 구속되었을 뿐이고 최고형도 4년에 불과했다. 더욱이 총책임자는 사기 혐의가 아닌 「방문판매법」 위반으로만 심판받은 후 보석 석방됐다. 이렇게 솜방망이 처벌을 하니 한국은 '사기 공화국'이라는 오명을 쓰게 되고, 국제 사기조직단의 좋은 먹잇감이 될 수밖에 없다.

주가조작 사기

주가조작과 작전

주가조작(stock price manipulation)은 시세차익을 목적으로 주가 형성에 인위적으로 개입하는 행위이다. 즉, 수요와 공급에 의거 자연스럽게 형성되어야 할 상장증권, 장내 파상상품 등의 시세를 인위적으로 조작해 일반인들이 그 시세를 공정한 것으로 잘못 알게 함으로써 부당한 이득을 추구하는 불공정거래행위 혹은 사기행각을 말한다. 「자본시장과 금융투자업에 관한 법률(자본시장법)」상의 법적 용어로는 시세조종(Market Manipulation) 행위라고 한다.

작전세력들은 자금력을 이용해 주가를 인위적으로 끌어올려 투자자들을 현혹하거나, 거짓 정보를 흘려 타인을 속이는 등의 방식을 동원한다. 그러한 조작 행위를 '작전(作戰, Scam)'이라고 하며, 주가조작에 의해 뚜렷한 이유 없이 주가가 급등하는 주식을 작전주(作戰株)라고 한다. 그리고 주가조작은 일반적으로 팀 단위로 이루어지는데, 이처럼 작전에 연루된 사람들을 작전세력이라고 지칭한다.

작전은 보통 다음과 같은 과정으로 진행된다. 먼저, 일반 투자가들이 별로 큰 관심을 가지지 않으면서 주가가 낮고 성장성이나 수익성이 뒷받침되는 종목을 작전주로 선정한다. 그리고는 작전세력은 작전주를 매집한 후, 일단 충분한 물량이 확보되면 자기들끼리 서로 사고팔면서 주식 가격을 끌어올리는 행위를 시작한다.

이후 작전주가 단기간에 급등하는 모습을 보이면 투자자들은 이에 현혹되어 해당 주식을 매수하게 되면서 주가는 한층 더 올라가게 된다. 그러나 작전세력들은 주가가 충분히 올랐다고 판단하면 곧바로 주식을 매각해 차익을 챙기고 떠난다. 이후 인위적인 주가조작 행위가 사라진 작전주는 주가가 급락하면서, 작전주를 구매한 투자자들은 손해를 보게 된다. 따라서 작전세력이 개입한 주식은 주가가 단기간에 급등해도 언제든지 급락의 위험성을 지니고 있기에 주의해야 한다.

주가조작의 수법과 형태

주가조작의 수법과 형태는 매우 다양하다. 가장 고전적이면서 자주 활용되고 있는 수법은 다음과 같다. 작전세력이 상호 공모해서 거래하거나 가장· 통정매매를 통하여 거래 물량을 늘리고 주가를 끌어올리는 행위, 실제로 매수할 의사가 없으면서 허위로 허수주문을 제출함으로써 추종세력을 유인하고 이에 따라 주가가 오르면 본인의 주문은 취소하는 행위, '작전 중이다' 등의 루머(rumor)를 시장에 유포함으로써 주가를 끌어올리는 행위, 기초상품인 주식의 가격을 인위적으로 높인 뒤 이와 연계된 파생상품에서 더 큰 이익을 확보하는 행위 등이다.

여기서 가장매매(假裝賣買, wash sale)란 다른 투자자의 거래를 유인하거나 거래가 성황을 이루듯이 착각하도록 만들기 위해 실제로 거래할 의사가 없으면서도 본인 혼자서 주식을 동시에 사고파는 행위이다. 또 통정매매(通情賣買, matched orders)란 가장매매와 마찬가지로 다른 투자자의 거래를 유인하거나 거래가 성황을 이룬 것처럼 착각하도록 만들기 위해 특정인과 서로 짜고 사고파는 행위이다. 허수주문은 실제 매수 또는 매도할 의사 없이 거래가 성황을 이루고 있는 것처럼 보이도록 시세보다 현저히 낮은 매수주문 또는 현저히 높은 매도주문을 한 이후, 주가가 일정 수준에 이르게 되면 자신의 주문을 취소하는 행위를 말한다.

그런데 날이 갈수록 그 수법이 날로 고도화· 지능화되면서 이제는 실제 매매에 의한 시세조종 등의 고전적 수법에서 벗어나, 검증되지 않은 정보나 허위 사실의 유포, 소액주주 경영참가 유인 등으로 다양화되고 있다. 작전세력은 호재(好材)는 침소봉대하고 악재(惡材)는 숨기는 방법으로 주가를 조작한다. 최근에는 컴퓨터와 인공지능, 알고리즘(algorism) 기술을 이용한 신종 주가조작 행위도 나타나고 있다.

작전의 희생양 개미투자자

주가조작 행위는 자본시장을 교란하여 일반 투자자들의 건전한 투자 행위를 방해하고 결국은 커다란 손실을 입히게 된다. 아울러 시장의 건전한 발전을 방해한다. 작전세력들은 교묘한 방법으로 개인투자자들 소위 '개미'들을 유혹한다. 가격으로 유인하기도 하고 때로는 거래량으로 유인하기도 한다. 거짓 정보를 퍼뜨리기도 한다.

작전세력들이 주로 노리는 대상은 주가 변동이 상대적으로 쉬운 코스닥시장에 진출하는 신생기업과 저가주들이다. 이는 작전을 하려면 우선은 많은 돈이 필요한데, 저가주는 비교적 적은 돈으로도 가능하기 때문이다. 이 경우 사채업자들이 가담하여 더욱 판을 키우기도 한다. 또한, 이들은 컴퓨터와 다양한 정보 소스를 활용하여 시장정보를 비교적 정확하고 신속히 수집 활용하고 있다. 그러기에 항상 개미들보다 유리한 상황에서 시장을 파악할 수 있거나 교란할 수가 있다.

반면, 개미들은 이처럼 혼탁해지고 있는 자본시장에서 매우 취약한 상황에 놓여 있다. 이들은 우선 투자정보의 수집과 분석 능력이 취약하다. 투자정보의 양도 빈약하거니와 정보의 진위를 가릴 능력도 부족해 그럴듯한 거짓 정보에 현혹되기 쉽다.

개미들이 일단 낚시의 떡밥을 물게 되면 곧바로 올가미에 걸려들어 이러지도 저러지도 못하는 상황을 맞게 된다. 그리고 결국 저가로 보유 주식을 던지지 않을 수 없게 된다. 간혹 적은 금액의 수익을 보는 개미들도 없지는 않다. 그러나 이 역시 미끼라는 사실을 모르는 개미들은 오히려 더욱 깊이 발을 담그게 된다. 때늦게 모든 것을 날린 뒤에야 가슴을 치며 후회하는 사람들이 한둘이 아니다.

다시 말해 정보에 어둡고 자금력이 취약한 개미들은 작전주의 주가가 움직일 때, 특히 오르기 시작하면 주식을 매집한다. 간혹 신용대출을 받거나 집을 팔아서까지 전 재산을 몽땅 투입하기도 한다. 마치 언제 죽을지도 모르고 불빛을 향해 뛰어드는 부나방처럼...

그러다 주가가 하락하면 당황하기 시작한다. 이때 마음 약한 개미들은 손해를 보고서는 주식을 팔아치울 수 없다며 미적거린다. 그러는 사이 개미들의 피해 규모는 더 커지게 된다. 더욱이 작전세력의 농간으로 기업이 상장폐지나 부도를 맞기라도 하면 개미들은 그야말로 거덜이 나게 된다. 마침내 전 재산을 날리고 대출받은 자금까지 물려 빚더미에 오른 개미들은 신용불량자가 되거나 극단적인 선택을 시도하기도 한다. 이것이 우리 불쌍한 개미들의 슬픈 자화상이다.

테마주와 리딩방을 통한 주식 사기

정치 테마주와 같이 실체가 불분명한 테마주가 주가조작의 수단으로 악용되는 경우도 흔히 일어난다. 이는 테마주는 복잡한 분석이 필요 없을 뿐만 아니라 관련 종목으로 엮이기만 해도 폭등이 가능하기 때문이다. 하지만 관련 이슈의 열기가 식으면 주가 하락 폭도 빠른 만큼 손실을 볼 위험도 크다. 더욱이 사업목적에만 추가해 놓고 실제로 사업은 하지 않는 종목들도 적지 않다. 이에 작전세력들은 이런 종목을 작전의 대상으로 삼고 있다.

따라서 투자자들은 공시나 사업보고서를 통해 관련 사업을 실제로 진행하고 있는지, 나아가 수익이 발생하는지를 제대로 살펴야 한다. 실적이 뒷받침되지 않은 상황에서 테마주로 주가가 오르는 종목에는 투자를 주의해야 한다. 본질적인 가치에 비해 과도하게 오른 주가는 결국 제자리를 찾아가기 때문이다.

역사를 돌아보면 주식시장에는 항상 테마가 있었다. 중동 건설 붐이 한창이었던 1970년대에는 건설주가 테마를 형성하며 연일 상한가를 달렸다. 2008년에는 해외자원개발 관련 종목이 주식시장의 대표 테마주였다. 정부가 해외자원개발 정책을 추진하면서 관련 종목들의 주가가 하늘 모르고 치솟았기 때문이다. 당시 구체적인 개발 계획이 나오기도 전에 상한가까지 치솟는 종목들이 종종 눈에 띄었다. 하지만 가시적인 성과를 내지 못한 채 재무구조만 악화하면서, 대다수 기업의 주가는 결국 폭락했다. 코로나19 사태 기간에는 바이오(Bio), 수소 전기, 메타버스(Metaverse) 등의 업종이 떠올랐다.

최근에는 경제, 주식 분야 유명인을 사칭한 리딩방을 개설한 후 주식 사기를 치는 행위가 기승을 부리고 있다. 이들 유명인 사칭 리딩방의 사기 수법은 주식 종목 게시판과 블로그 등에 무료로 주식정보를 제공한다고 안내하면서 공개 채팅방으로 투자자를 유인한다. 이후 고수익을 미끼로 고액의 수수료를 받고 일대일 컨설팅이나 일임 운용 등을 제안하는 경우가 기본이다. 그리고 이 바람잡이들 대부분은 거액의 돈을 빼돌리기 위해 큰 자본이 필요한 해외선물을 하자고 부추긴다. 또 가상 HTS(Home trading system)를 설치토록 유인하기도 한다. 이후 본인들의 계좌에 투자금을 입금받아 수익을 편취한다. 이 경우 자칫하면 의도치 않게 주가조작에 휘말릴 가능성도 있다.

이런 과정에서 간혹 투자자들이 수익을 올릴 수도 있다. 그러나 이때도 출금은 불가능하며, 출금을 요구할 경우 방에서 강제로 쫓아내거나 수수료를 요구하며 추가 입금을 유도한다. 또 공모주 청약을 유도하면서 참가를 거부할 경우 이미 청약이 신청되었는데 당신 때문에 손해가 발생했으니, 고소하겠다며 협박해 입금을 유도하기도 한다. 더욱이 돈이 부족하다고 하면 불법 고리대금업체를 추천한 후, 여기서 대출을 받으라고 겁박하기도 한다.

이러한 리딩방 사기를 당하지 않으려면 우선 정식으로 투자자문업체 내지 유사 투자자문업체로 등록이 제대로 돼 있는지부터 확인할 필요가 있다. 그리고 만약 유료 고급 정보를 통해서 수익을 내려고 한다면 주요 증권사 등 제도권 기관에서 운영하는 유료 서비스를 이용하는 게 그나마 낫다. 물론 이를 이용한다고 해도 모든 투자의 책임은 본인의 몫이라 할 것이다.

주가조작 범죄를 줄이기 위한 제도적 장치

그러면 주가조작 범죄를 줄이기 위한 제도적 장치에는 어떤 것들이 있는지를 알아보자. 우선 금융감독당국이 자본시장 감시와 감독 활동을 펼치고 있다. 즉 감독당국은 그동안 사전감시 활동을 강화하는 한편, 「금융소비자 보호에 관한 법률(금융소비자보호법)」을 마련· 시행하는 등 나름의 노력을 기울여 왔다. 그러나 여전히 우리 자본시장의 발전 상황은 선진국과 비교 시 뒤처져 있고 또 실물경제의 발전 속도에 비해서도 미흡한 상황이다. 이에 감독당국은 건전한 투자 문화를 뿌리내리고 건전한 시장환경을 조성하는 제도적 장치를 한층 더 강화해야 한다.

둘째, 「자본시장법」에 의거한 벌칙 적용이다. 현행 「자본시장법」에 의하면 주가조작 행위자는 1년 이상의 유기징역과 함께 이익 또는 회피한 손실액의 3배 이상 5배 이하의 벌금을 병과 받게 되어있다. 그리고 주가조작으로 얻은 이익 또는 회피한 손실액이 5억 원 이상인 때에는 「특정경제범죄 가중처벌 등에 관한 법률(특경법)」에 따라 가중 처벌한다. 즉 이익 또는 회피한 손실액이 5억 원 이상 50억 원 미만이면 3년 이상의 유기징역, 그리고 가액이 50억 원 이상인 때에는 무기 또는 5년 이상의 징역에 처한다. 아울러 해당 주식 등을 거래한 자가 입은 손해에 대한 민사상의 배상책임도 지게 된다.

셋째, 증권집단소송제도가 운용되고 있다. 이는 증권시장에서 발생하는 기업의 허위 공시 · 분식회계 · 부실 감사 · 주가조작 등과 같은 불법행위로 다수의 소액 투자자들에게 피해가 발생한 경우 1인 또는 수인이 대표하여 손해배상청구 소송을 제기하고, 판결의 효력이 피해자 전체에 미치게 하는 집단구제 제도이다. 대주주의 횡포를 줄이고 소액주주의 권익을 보호하며, 소액주주의 견제로 인해 기업경영의 투명성이 확보될 수 있다는 점 등의 긍정적 효과가 있다. 반면, 소송제기 시 비용 부담이 크고, 너무 많은 시간이 소요된다는 단점도 있다.

그런데 문제는 이러한 제도적 장치가 마련되어 있음에도 불구하고 주가조작 범죄는 끊이지 않고 일어나며 재발률도 다른 범죄에 비해 높다는 것이다. 실제로 주가조작 범죄는 재범률이 20% 이상으로 일반 폭력 사건 재범률보다 훨씬 높은 수준이다. 이처럼 주가조작 범죄율이 높은 원인은 미약한 처벌수위, 범죄수익 환수의 어려움, 사법 절차의 번거로움 등의 3가지가 꼽힌다.

무엇보다도 솜방망이 처벌이 가장 큰 문제점으로 지적되고 있다. 2016~2021년 금융위원회가 미공개정보 이용, 시세조종, 부정거래 등 3대 주식 불공정거래 위반으로 검찰에 고발·통보한 854명 중 불기소율은 53.5%로 절반을 넘었다. 주가조작 혐의로 적발돼도 2명 중 1명은 재판도 받지 않은 것이다. 유죄가 입증돼도 집행유예로 그치는 경우가 많고, 실형이 선고되더라도 형량이 너무 낮은 실정이다.

이는 형사처벌은 엄격한 입증책임이 요구돼 기소율과 처벌 수준이 낮고, 부당이득 산정기준이 불분명해 벌금도 세지 않기 때문이다. 이처럼 벌금과 추징금 규모가 벌어들인 범죄수익에 비해 턱없이 낮은 수준이라 "주가조작 범죄는 감옥에 가도 남는 장사"라는 말까지 나오고 있다.

「자본시장법」 강화와 「가상자산법」 제정

이런 문제점들을 시정하기 위해 「자본시장법」을 개정하여 2024년 1월부터 시행하고 있다. 그동안 자본시장 불공정거래행위에 대해서는 형사처벌만 가능했다. 하지만 사법처리를 위해서는 엄격한 입증책임이 요구되는 만큼 실제로 재판에 넘겨지는 비율이 낮고 수사와 재판의 장기화로 처벌까지는 오랜 시간이 걸리는 한계가 있었다. 그런데 「자본시장법」이 개정됨에 따라 앞으로는 형사처벌과 별개로 금융당국의 과징금 부과가 가능해졌고, 신속한 부당이득 환수를 기대할 수 있게 됐다.

신설된 과징금 부과 제도에 따르면, 원칙적으로 금융위원회는 검찰로부터 불공정거래 혐의자에 대한 수사· 처분 결과를 통보받은 후 과징금을 부과할 수 있다. 다만, 금융위원회가 불공정거래 혐의를 검찰에 통보한 후 검찰과 협의된 경우나 1년이 지난 경우에는 검찰로부터 결과를 통보받기 전이라도 과징금 부과가 가능하다. 과징금 부과 한도는 불공정거래로 얻은 부당이득의 최대 2배(부당이득이 없거나 산정이 곤란한 경우 40억 원)까지다.

부당 이득액 산정기준도 법제화했다. 위반행위로 얻은 총수입에서 총비용을 공제한 차액을 부당 이득액이라고 명확히 규정했다. 미공개정보 이용, 시세조종, 부정거래 등 위반행위의 유형별로 산정 방식을 마련했으며, 위반행위의 동기와 목적이 되는 거래 등으로 인해 얻은 이익도 부당 이득액에 포함했다.

부당 이득액이 얼마인지가 중요한 이유는 부당 이득액 규모에 따라 위반 사범의 법정형이 달라지기 때문이다. 그간 부당 이득액 산정 방식이 규정되지 않아 이에 대한 다툼이 빈번하였고, 이에 따라 유죄 확정 시에도 처벌수위가 낮아지는 문제가 발생하였다. 하지만 부당 이득액 산정기준이 법제화된 만큼 검찰의 입증이 쉬워지고, 법원에서도 이를 인정할 가능성이 커졌다. 검찰이 기소에서 밝힌 부당 이득액 규모를 재판부가 받아들이게 되면 작전세력들의 형량은 대폭 높아질 것으로 전망된다.

한편, 이제 앞으로는 암호화폐도 일반 주식의 경우처럼 다양한 작전행위들이 금지된다. 그동안 암호화폐는 「자본시장법」상의 증권이 아니라는 판단 아래 법 적용대상이 아니었다. 이에 암호화폐를 이용한 각종 불공정거래행위와 사기 사건이 횡행하였다. 그러나 「가상자산 이용자 보호 등에 관한 법률(가상자산법)」이 새로 제정되어 2024년 7월부터 시행됨에 따라, 이와 같은 불공정거래행위를 규제할 수 있게 되었다. 이는 「자본시장법」상의 규정을 그대로 원용한 것이다.

가장 중요한 것은 자기 투자 책임의 원칙

이처럼 투자자 보호와 자본시장의 건전성 제고를 위한 제도적 장치가 점차 강화되고 있기는 하다. 그러나 이보다 더 중요한 것은 시장참여자들 스스로 경기의 원칙(rule of game)을 지키려는 페어플레이(fair play) 정신을 발휘해야 한다는 점이다. 이는 경기의 결과를 존중하는 건전한 승부의 장은 결국 심판이 아닌 선수가 만드는 것이며, 심판의 역할은 평등한 결과의 분배가 아닌 공정한 경쟁 과정을 관리하는 데 한정되기 때문이다.

따라서 투자자들은 본인의 판단으로 투자하고 그 결과에 대해서도 스스로 책임을 지는 자기 투자 책임의 원칙을 준수해야 한다. 전문가의 조언이나 정보를 이용하더라도 최종 결정은 투자자 자신의 몫이다. 특히, 원금보장이 되지 않는 금융상품에 투자할 때는 수익에 대한 기대뿐만 아니라 손실 발생의 가능성도 늘 고려하면서 투자에 따르는 위험을 분산하고 관리하는 자세가 필요하다.

개미들의 기도

올라가는 주식을 쫓지 말게 하소서
최저점에서 살 수 있게 하소서
내일 오를 수 있는 테마주를 연구하게 하소서
기관이 일주일 이상 순매수하는 종목을 사게 하소서
외국인이 일주일 이상 순매수하는 종목을 사게 하소서
작전세력보다 미리 들어가 있게 하소서
손절을 과감하게 할 줄 아는 용기를 주소서
다음 분기 유망종목을 찾을 수 있게 하소서
주식 수입으로 방탕한 삶을 살지 않게 하소서
외상거래를 하지 않게 하소서
사는 것마다 대박 나게 하소서
매도와 매수 타이밍을 정확히 알게 하소서

주식상승과 동시에 가정의 행복지수도 올라가게 하소서

수입의 0.1%라도 어려운 이웃에게 봉사할 줄 아는 행복을 주소서...!

주요 주가조작 사례

역사적으로 유명한 주가조작 사례로는 영국의 남해 거품 사건이 있다. 이 사건은 아이작 뉴턴(Isaac Newton)이 전 재산을 잃게 만든 주가조작 사건으로도 잘 알려져 있다. 일본에서는 굴지의 포털사이트 중 하나이던 라이브도어 주가조작 사건이 유명하다. 2006년 1월 18일, 이 사건으로 라이브도어에 대한 매도주문이 폭주해 시스템 처리 능력을 초과할 우려가 생기자 도쿄 증시는 모든 종목의 거래를 중단하는 긴급조치를 취했다. 우리나라에서 유명한 사례로는 루보 사태, 플래닛82 주가조작 사건, BBK 주가조작 사건, CNK 주가조작 사건 등이 있다. 특히, 루보 사태는 대한민국 전설의 주가조작 사건, 최악의 주가조작 사건 등으로 불릴 만큼 파장이 컸다.

루보사태

2007년 루보사태가 발생했다. '루보'라는 회사는 경기도 파주에서 베어링 부품을 만드는 작은 회사로 2001년에 코스닥에 상장했다. 2006년 3/4분기 기준 매출액은 54억 원, 영업이익은 2억 2,000만 원 적자를 기록했던 당시에는 작은 중소기업이었다. 회사의 주식 수는 990만 주 수준으로 최대 주주와 가족 지분이 40%를 넘고 나머지는 소액주주였으며, 2006년 10월 1일 주가는 1,185원이었다. 그러나 어느 날부터 루보의 주가는 지속해서 상승세를 타기 시작해 6개월 후인 2007년 4월에는 51,400원을 찍어, 43배에 달하는 기록적인 상승률을 나타냈다.

이런 비약적인 주가 급등에는 작전세력이 존재했다. 2004년 주수도 회장이 설립한 다단계 기업인 JU그룹이 바로 그 배후였다. 2007년, 주 회장은 2조 원에 이르는 피해를 발생시킨 다단계 피라미드 사기죄로 감옥에 수감되었다. 이후 김영모 부회장이 전면에 나서 새로운 수익 창출 명분으로 선수들을 모아 주가조작을 기획해 나갔다.

작전세력들은 상호저축은행의 사채를 끌어모아서 기본 자금을 만들었다. 그리고 전체 규모가 크지 않아 주식을 조금만 사도 주가가 요동칠 수 있는 회사를 물색했는데, 그 대상이 '루보'였다. 처음에는 금융기관들의 의심을 피하기 위해 2%~ 5% 정도로 조금씩 주가를 올렸으나, 점차 주가를 몇 배씩 올렸다. 한국거래소에서는 이때부터 수상한 조짐을 느끼고 루보사에 조회공시를 여러 번 요구했으나, 그때마다 루보는 '주가에 영향을 미칠만한 사건 없음'이라고 답했다.

루보가 지속적인 성장세를 보이면서 작전세력은 JU 회원을 상대로 투자설명회를 열었다. 거기서 계좌 수익률을 보여주면서 "회원 여러분도 하실 수 있습니다."라는 식으로 현혹하여 JU 회원들의 자금을 끌어모았다. 그뿐만 아니라 투자자들에게 주식 계좌에 대한 공인인증서나 보안카드를 지급하지 않음으로써 개인이 매도를 못 하도록 만들었다. 이를 통해 단기간 안에 주가를 6천 원대까지 올렸다.

주가가 6천 원대에 도달하고 난 뒤, 작전세력은 빠져나갈 구멍을 만들기 위해 '모찌 계좌'라고 부르던 차명계좌를 만들었다. 그리고 루보 주식을 차명계좌로 이체시키면서 점진적으로 처분했다. 한 번에 주식을 매도해버리면 가격이 붕괴할 수 있으므로 분할로 매도해서 차익을 챙겼다.

루보의 주가 그래프가 우상향을 그리자 일반 투자자, 즉 '개미'들이 움직이기 시작했다. 개미들이 너도나도 투자에 나서고 언론마저 가세하면서 주가는 6개월 만에 51,400원을 기록했다. 이때 당시 루보의 시가총액은 5,200억 원으로 코스닥 시가총액 19위였으며, 하루 거래량은 100~200만 주에 달하였다.

작전세력은 분할 매도로 이득을 챙긴 뒤 빠져나갔고, 광기에 가득 찬 개미들만 남아서 루보의 주식을 열심히 사고팔았다. 하지만 최고가를 경신했던 2007년 4월의 장 마감 후, 언론은 검찰이 루보의 주가조작 세력을 수사 중이라는 소식을 보도했다. 다음 날부터 주가는 크게 떨어지면서 11일 연속 하한가를 기록했다. 10월 17일에는 2,000원대로 돌아가, 결국 오른 만큼 떨어진 셈이다. 이후 루보는 상장폐지와 파산의 과정을 밟게 되었고, JU그룹도 해체되었다. 이런 과정에서 개미들만 고스란히 피해를 안게 되었고, 일부 개인투자자들은 극단적 선택을 하기도 했다. 작전을 주도한 김영모 부회장은 징역 7년에 벌금 70억과 추징금 30억 원의 처벌을 받았다.

도이치모터스 주가조작 사건

2013년 일어난 도이치모터스 주가조작 사건도 통정매매 수법을 사용한 것으로 드러났다. 검찰이 기소한 내용에 따르면 권오수 전 회장은 2008년 말 도이치모터스가 우회 상장한 이후 주가가 계속 하락해 투자자들에게서 주가 부양 요구를 받자 작전세력을 동원하여 주가조작을 계획했다. 이후 작전세력들은 2009년 12월부터 2012년 12월까지 약 3년간 증권사 동료 직원, '부티크' 투자자문사 운영자 등과 서로 가격과 물량을 사전에 협의해 주고받는 통정매매 수법으로 2천 원대 후반이었던 주가를 8천 원까지 끌어올렸다.

이후 2013년부터 당국의 조사와 수사가 간헐적으로 진행되면서 2023년 2월에야 법원의 1심 재판 결과가 나왔다. 일단 2009년 12월~2010년 10월 이뤄진 주가조작은 공소시효가 지나 죄를 묻지 못했다. 그러나 이후의 거래 중 몇몇에 대해서는 주가조작으로 시세를 부풀렸다는 혐의를 인정하면서 권 전 회장에게 징역 2년 집행유예 3년의 형이 선고되었다.

라임 사태와 옵티머스 사태

2019년 10월에는 라임 사태가 발생하였다. 이는 국내 최대 사모펀드인 라임자산운용이 코스닥 기업들의 전환사채(CB) 등을 편법 거래하면서 부정하게 수익률을 관리하고 있다는 의혹에서 시작되었다. 결국, 운용하던 펀드에 들어있던 주식 가격 하락으로 펀드런(fund run) 위기를 맞으면서 환매중단을 선언하였다. 2018년 10월부터 환매중단을 시작한 이후, 2019년 7월에는 1조 6,679억 원으로 확대되었다. 사모펀드는 펀드 환매를 중단하면 사실상 파산한 것과 동일한 효과를 낸다. 라임자산운용에 억 단위로 돈을 맡겼던 고객이 많았던 터라 환매중단의 여파는 심각했다.

조사결과 라임자산운용은 환금성이 낮은 자산에 투자하면서 언제든지 환매할 수 있는 개방형 펀드를 판매한 것으로 드러났다. 또 단기적으로 수익률을 높이기 위해 코스닥 좀비기업의 메자닌 등 부실자산을 대량 매입해 문제를 발생시켰다. 게다가 이 과정에서 채권의 보유 한도 규정 등을 피하려고 다른 회사 명의로 매입하는 '파킹(parking) 거래'를 일삼거나, 한 펀드에 손실이 나면 다른 펀드 자금으로 메우는 식의 돌려막기로 수익률을 조작했다. 이는 전형적인 폰지 사기 수법이다.

또 총수익스와프(TRS) 거래를 통해 투자원금 이상의 돈을 사모사채 등 비유동성 자산에 투자하여 문제를 키웠다. TRS(Total Return Swap) 구조는 다음과 같다. TRS 계약을 맺은 증권사는 자신들의 자금으로 자산운용사 대신 CB 등 기초자산을 매수한다. 자산운용사는 계약기간 동안 증권사에 약정 이자를 내는 대신 CB의 총수익을 가져간다. 자산운용사는 이자를 내는 것으로 CB를 직접 매수하는 자금 부담을 덜 수 있다. 즉, 레버리지 효과를 누릴 수 있기에 수익률을 높일 수 있다. 증권사 또한 수수료 수익을 취하는 장점이 있다.

그러나 손실이 발생하면 자산운용사의 리스크가 커진다. 즉 운용사가 운영하는 펀드에 손실이 발생하면 증권사는 TRS의 담보비율을 상향할 것을 요구하며, 담보비율을 상향하지 않으면 증권사는 지연이자를 청구하면서 펀드의 수익률은 더욱 하락하게 된다.

라임 사태의 상흔이 채 가시기도 전인 2020년 6월, 또다시 옵티머스 사태가 터졌다. 이는 옵티머스 자산운용사가 안정적인 정부 채권에 투자한다고 투자자들을 속여 증권사를 통해 2,900여 명으로부터 1조 2,000억 원을 모은 뒤, 실제로는 부실 계열기업과 위험자산 등에 투자했다가 5,600억 원의 손실을 본 사모펀드 사기 사건이다.

문제가 된 옵티머스 사태의 사모펀드들은 2017년 12월부터 운용되어 판매를 시작했다. 옵티머스는 투자금을 공공기관 매출채권에 투자할 것이며 연 3% 수익이 보장되는 안전한 상품이라고 소개하였고, 이에 NH투자증권 등 증권사들은 옵티머스를 믿고 법인 고객들을 대상으로 상품 판매를 했다. 그러나 옵티머스의 투자계획은 모두 거짓이었다. 실제로는 투자금을 옵티머스의 2대 주주이자 조직폭력배 출신인 사람이 대표로 있는 비상장기업들의 사모사채를 사들이는 데 쓰였다.

문제는 이 비상장기업들이 사실상 페이퍼컴퍼니라는 것이었다. 또 투자금을 부동산 프로젝트 파이낸싱(PF), 코스닥 상장사 인수합병, 비상장 주식 등 위험자산에 투자했으며, 펀드 돌려막기에도 이용한 것으로 드러났다. 결국, 2020년 6월 옵티머스는 환매중단을 선언했다. 이후 옵티머스는 영업정지를 거쳐 파산했고, 김재현 대표 등 관계자는 구속되었다. 김 대표에게는 우리나라 경제범죄 사범 중 최고 형량인 징역 40년형이 선고되었다.

라임과 옵티머스는 비슷한 시기에 발생한 사모펀드 사기 사건이라는 공통점이 있다. 그러나 뚜렷한 차이점도 있다. 라임 사태는 처음에는 실적이 좋았다가 나중에 망한 사건이다. 반면, 옵티머스 사태는 처음부터 투자자를 속이고 부실기업과 위험자산에 투자해 5천6백억 원을 날린 사기 사건이다.

SG 증권사태 등

과거 통상적인 주가조작 사건의 경우 투기성이 강한 종목을 대상으로 그럴싸한 소문을 낸 후 단기간에 주가를 끌어올리는 일이 많았다. 그러나 최근에는 완전히 다른 양상을 나타내고 있다. 투기성이 전혀 없는 평범한 성격의 종목을 대상으로 3~4년에 걸쳐 주가를 꾸준히 띄워서 거래량이 폭발했을 때 모두 팔고 나오는 수법이다.

2023년 4월에 터졌던 소시에테제네랄(SG) 증권 주가 폭락사태가 바로 그 전형이다. 2024년 4월 24일, 증시 개장 후 30분이 채 지나지 않은 상황에서 외국계 증권사인 SG 증권을 통해 대량의 매도 물량이 쏟아졌다. 대성홀딩스· 선광· 셋방· 삼천리· 서울가스· 다우데이타· 하림지주· 다올투자증권 등 8개 종목은 하한가를 기록했고, 4일 만에 시가총액 8조

원이 사라졌다. 이는 결국, 투자자문업체 '호안'의 라덕연 대표가 주도하는 작전세력에 의한 주가조작 사건이었음이 드러나게 되었다.

새로운 금융사기 수법인 만큼 사기를 위한 구상과 설계 또한 한층 더 치밀했다. 작전세력은 무엇보다도 주식거래 종목을 고르는 데 신중해야만 했다. 당국이 단기차익을 노린 작전세력 감시에 치중한다는 허점을 노렸다. 감시망을 피하기 위해서는 실적이 양호하면서 거래가 많이 이뤄지지 않는 종목이어야 했기 때문이다. 그래서 작전세력은 우량하지만, 유통주식 수가 적어 주가조작이 쉬운 종목들을 골랐다.

또 누가 투자했는지 쉽게 노출되지 않도록 외국계 증권사를 통해 차액결제거래(CFD) 계좌를 활용했다. CFD(Contract for difference)는 주문을 넣으면 증권사→외국계 증권사→한국거래소를 통해 거래가 이뤄지는 방식을 취한다. 간단히 말해 증권회사가 돈을 받고 명의를 빌려주는 방식이다. 시세차익과 배당은 투자자가 얻지만, 주식의 소유주는 증권사로 나타난다. 이처럼 거래 주체를 확인하기 어려워 시세조종에 악용될 위험이 컸다. 또 증거금 40%만 있으면 되므로 2.5배의 레버리지가 가능하며, 신용융자와 달리 공매도처럼 주가 하락에도 베팅할 수 있다. 더욱이 만기가 없으므로 장기에 걸쳐 시세 조작하기에 안성맞춤이다. 조금씩 매집하면 눈치채기 어렵다.

작전세력은 이렇게 선정한 8개 상장사의 주식을 통정매매 거래를 통해 3년 가까이 꾸준히 주가를 올렸다. 2~3년에 걸쳐 매일 1~2%씩 오르는 탓에 주가조작을 하고 있다는 정황을 제대로 파악하기가 어려웠다.

주가 폭락 직전인 2023년 4월 21일 기준 대성홀딩스 주가는 3년 전보다 약 1,223%, 선광은 1,106%, 삼천리는 606% 상승했다.

이들은 투자유치에도 전형적인 금융사기 수법을 동원하였다. 우선, 투자유치 홍보를 위해 연예인 등 유명인사들을 내세웠고, 의사· 변호사· 정치인· 기업주 등 지도층 인사들을 영업사원으로 활용했다. 작전 주모세력은 상당 기간 이들에게 고율의 수익을 지급했고, 수수료도 깎아 줬다. 그러나 이들도 종국적으로는 주가 급락의 여파를 피하지 못해 커다란 손실을 보았다. 이로 인해 이들이 작전의 조력자인지 혹은 피해자인지의 문제를 두고 사회적 논란이 일어나기도 했다.

아울러 다단계식 투자유치수법을 활용했다. 작전세력은 투자자들이 지인을 소개하며 신뢰를 담보하는 점조직 방식의 영업을 활용했다. 자연스레 투자자들은 다단계 방식으로 늘어만 갔다. 상당 기간 계속되는 주가 상승에 투자자들은 이들을 믿고 돈을 맡겼다. 유명인사들의 소개로 참여한 투자자들은 수익률이 눈으로 확인되자 빚을 내 투자금을 더 늘리는 경우도 허다했다. 더욱이 투자를 결정한 이들은 자신 명의의 휴대전화와 계좌까지 맡길 정도로 작전세력을 믿었다.

하지만 거래가 많지 않았던 종목이 급락하면서 실체가 드러났다. 주가 폭락은 작전세력 중 일부가 당국의 조사 움직임을 눈치채고 보유 주식을 대거 처분하면서 시작되었다. 투자자들끼리만 서로 사고파는 거래로 주가를 올렸던 탓에 하락하는 주식을 방어할 수 없었다. 이로 인해 8개 종목의 주가는 최고치 대비 80~90% 대폭 하락하였다. 그 결과 투자자들은 커다란 손실을 보게 되었고, 작전세력 주모자 라덕연 대표는 약 7,305억 원의 부당수익을 올린 혐의로 구속기소 되었다.

연이어 유사한 주가조작 사건들이 터졌다. 2023년 6월 14일. 동일산업· 대한방직· 만호제강· 방림· 동일금속 등 5개 종목이 일제히 하한가를 기록하였다. 이후 주가는 2023년 말까지 대한방직 -85.40%, 동일산업 -78.34% 하락했다. 조사결과 이 종목들은 주식 투자카페 '바른 투자연구소'에서 꾸준히 추천 종목으로 거론됐던 사실이 드러났고, 카페 운영자와 회원들은 주식 시세조종 혐의로 재판에 넘겨졌다. 카페 운영자와 회원들은 이를 통해 361억 원 상당의 부당이득을 얻은 것으로 조사됐다.

2023년 10월 18일에는 영풍제지와 그 최대 주주인 대양금속이 나란히 하한가를 기록했다. 영풍제지는 2022년 6월 대양금속에 인수된 직후부터 오름세를 타기 시작해 2023년에만 최대 730% 상승한 종목이다. 그러나 하한가를 기록한 이후 2023년 말까지 94.07% 떨어졌다. 수사 결과 주가조작 세력이 3만 8천 회 넘는 시세조종 끝에 2,789억 원의 부당이득을 챙긴 것으로 드러났다.

이들 주가조작 사건은 공통적인 수법을 동원하였다. 즉 작전세력 일당이 최대 주주 지분율이 높고 유통주식 수가 적어 낮은 투자금으로도 주가를 좌지우지할 수 있는 종목들을 골라 수년 동안에 걸쳐 통정매매를 한 것이다.

내부자거래 사기

투자의 승패를 좌우하는 정보

2001년 노벨 경제학상을 수상한 조지 애컬러프(George Akerlof) 교수는 『레몬 이론(The Market for 'Lemons'– Quality Uncertainty and the Market Mechanism)』을 통해 시장실패의 가장 큰 요인의 하나로 정보의 비대칭성(information asymmetry)을 들었다. 이는 바꾸어 말하면 공정한 정보 배분이 시장경제 메커니즘의 작동에 무엇보다 중요함을 뜻한다. 모두가 동등한 정보를 가지고 게임을 시작한다면 승자는 모두에게 인정받을 수 있을 것이고, 패자 또한 결과에 승복하고 기꺼이 다시 출발할 수 있기 때문이다.

그러나 정보기술의 발달로 인해 정보의 확산 속도와 파급 범위는 무제한적이며, 이를 접목한 투자전략 또한 급속히 진화되고 있어 정보의 공정성을 기하기란 쉽지 않다. 특히 최근 들어 양질의 정보는 기술장벽(digital divide)에 막혀 일부가 독식해 버리고, 허위· 과장 정보는 빠른 속도로 시장을 교란하는 양태가 확산되고 있다.

여기에 이제는 트위터, 페이스북 등의 사회적 미디어(SNS, social network service)를 이용한 작전행위마저 빈번해지고 있다. 다시 말해 인터넷의 익명성과 신속성을 기반으로 하는 각종 사기적 범죄행위가 빈발하고 있다. 그럴수록 양질의 고급 정보에 대한 갈증과 욕구는 한층 더 강해질 수밖에 없게 된다.

특히 자본시장에서는 투자의 승패가 주가에 미치는 영향이 큰 정보를 얼마나 정확하게, 그리고 빨리 알고 있느냐에 따라 좌우된다. 예를 들면 회사의 부도나 순이익 증가, 신기술 개발 등 주가에 직접적인 영향을 미치는 정보를 미리 알고 주식거래를 할 경우, 커다란 이익을 볼 수 있을 것이다. 반면, 이러한 정보를 잘 알지 못하는 투자자는 항상 손해를 보게 된다. 그런데 이러한 정보는 그 회사에 근무하는 임· 직원의 경우 더욱 빠르게 그리고 구체적으로 잘 알 수가 있다.

미공개정보 이용행위로서의 내부자거래

우리나라 「자본시장과 금융투자업에 관한 법률(자본시장법)」상 불공정거래행위 유형은 '미공개정보 이용행위', '시세조종 행위', '부정거래 행위', '시장 질서 교란 행위' 등이 있다. 이중 미공개정보 이용행위가 내부자거래(insider trading)에 해당하는 불공정거래행위이다.

내부자거래는 시세조종 행위인 주가조작과 함께 가장 대표적인 「자본시장법상」의 불공정 거래행위이지만, 이들의 차이점은 다음과 같다. 우선, 내부자거래는 상장법인의 임직원 또는 주요 주주 등 기업과 특별한 관계에 있는 자가 직무상 얻은 정보를 이용해 자사주식으로써 부당이익을 취하는 불법행위이다. 이에 비해 주가조작 행위는 거래 당사자가 기업내부자가 아니라는 점, 물량과 가격이 사전 담합을 통해 정해진다는 점, 시세차익을 노리고 지속해서 거래가 이루어진다는 점에서 구별된다. 또 내부자거래는 시장에서 형성된 주가에 순응하여 거래하는 반면, 주가조작은 주가를 인위적으로 조작한다는 차이점이 있다.

「자본시장법」상의 내부자거래 행위, 즉 미공개 중요정보 이용위반이 되기 위해서는 ①내부자 및 준내부자와 정보수령자 등이 ②상장법인의 업무 등과 관련된 미공개 중요정보를 ③거래에 이용하거나 타인에게 이용케 하는 요건을 갖추어야 한다.

첫째, '내부자'의 개념은 상장법인의 이사와 감사 등 임원, 직원, 지배인과 고문변호사 등의 법정 및 임의 대리인, 발행 주식 총수 또는 출자총액의 10% 이상을 소유한 주요 주주, 기업에 대한 허가· 인가· 지도· 감독 등의 권한을 가진 사람 등을 모두 총칭한다. 즉 직접적인 내부자 외에도 해당 정보에 합법적으로 접근할 수 있는 전문가, 예를 들어 변호사· 변리사· 회계사· 세무사 등도 준내부자로 적용대상에 해당한다. 이들은 일반인에게 공개되지 않은 상장법인의 중요한 정보를 쉽게 알 수 있는 위치에 있기 때문이다.

둘째, 미공개 중요정보의 의미는 불특정 다수인이 알 수 있도록 공개되기 전의 상태로서 아직 공시되지 아니한 정보뿐만 아니라, 타인에게 알려지지 아니함으로써 본인에게만 유리한 사항으로서 합리적인 투자 판단에 영향을 미칠 수 있는 정보를 말한다. 중요한 정보에는 호재성 정보와 악재성 정보가 있다. 호재성 중요한 정보의 사례는 제3자 배정 유상증자, 무상증자, 타 법인 인수, 인수합병 성사, 우회상장, 자기주식 취득, 해외전환사채 발행계획 정보 등이다. 획기적인 신제품의 개발이라든가 신규 투자계획도 이 범주에 속한다.

악재성 중요한 정보는 재무구조 악화 및 이에 따른 대규모 유상증자, 무보증 전환사채 발행, 계열회사의 수익성 악화, 회사의 자금난 악화, 감자 정보 등이다. 특히, 한계기업의 퇴출과 관련된 내부자거래 행위가 자주 발생한다. 한계기업의 내부자는 상장폐지가 예상되는 경우 이 정보를 미리 알고 주식을 처분하지만, 이를 모르는 일반 투자자들은 주식을 보유하고 있다가 큰 손해를 볼 수 있다.

셋째, 이득을 취하는 방식은 본인이 직접 챙기는 경우뿐만 아니라 타인을 통해 간접적으로 챙기는 경우까지 포함한다. 즉 내부자로부터 미공개 중요정보를 제공받은 자도 이를 이용하여 유가증권 거래를 할 수 없다. 이에 따라 동료 직원, 가족, 친지, 지인들도 미공개 중요정보를 활용할 경우 「자본시장법」을 위반하는 것이 된다.

내부자거래의 전형 모델

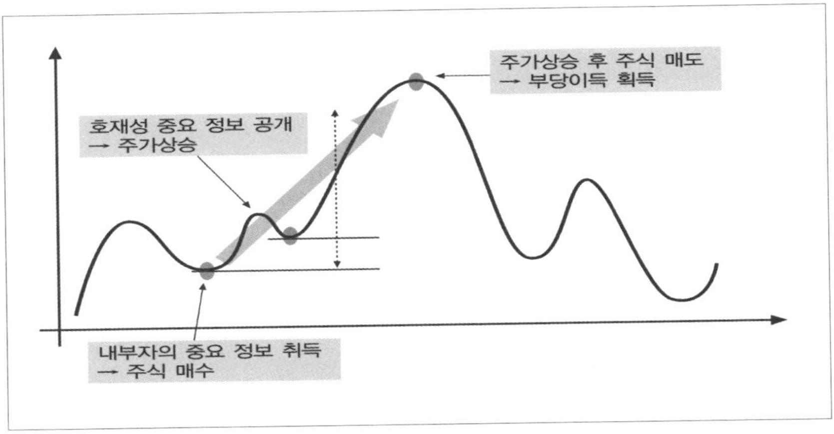

내부자거래 위반에 대한 법적 제재

내부자거래로 인한 문제점은 매우 심각하다. 우선 정보의 불평등을 통해 공정한 거래를 저해한다. 즉 회사의 중요정보를 이용한 내부자는 주식거래를 통해 이득을 취하는 반면, 소액주주 등 일반 투자자들은 주가 하락으로 피해를 보게 될 우려가 크다는 것이다. 아울러 금융시장에 대한 신뢰성을 훼손시키고 효율적인 자본 할당 기능도 크게 위축시킨다. 이에 우리나라를 비롯해 세계 각국은 내부자거래를 엄격히 규제하고 있다. 2002년 미국에서 '살림의 여왕'으로 불리며 추앙받던 억만장자 마사 스튜어트(Martha Stewart)가 이 짓을 했다가 그동안 쌓아온 좋은 이미지를 실추시키고, 5개월의 감옥 생활도 겪었다.

우리나라 「자본시장법」은 내부자거래 행위 위반에 대해서도 주가조작 행위와 동일한 벌칙 규정을 적용하고 있다. 즉 기본적으로는 미공개정보

이용행위자에게 1년 이상의 유기징역 또는 그 위반행위로 얻은 이익 또는 회피한 손실액의 3배 이상 5배 이하에 상당하는 벌금을 부과한다. 그리고 부당이득이 5억 원 이상인 때에는 「특경법」에 따라 가중 처벌한다. 즉 이익 또는 회피한 손실액이 5억 원 이상 50억 원 미만이면 3년 이상의 유기징역, 그리고 가액이 50억 원 이상인 때에는 무기 또는 5년 이상의 징역에 처한다.

단기 매매차익 반환 제도

그런데 「자본시장법」에서는 미공개정보 이용행위 금지 규정과는 별도의 '단기 매매차익 반환 제도(short-swing profit rule)'에 관한 규정이 제정· 운용되고 있다. 이 규정은 형사처벌은 아니지만, 미공개정보에 접근하기 쉬운 임직원들이 부당한 이득을 취하는 것을 원천적으로 차단하기 위해 만들어졌다.

주의해야 할 것은 이익의 발생이 미공개 내부정보의 이용 여부를 불문하고 단기매매에서 발생한 이익은 무조건 반환해야 한다는 점이다. 즉 상장법인의 임· 직원이나 주요 주주가 그 법인이 발행한 주식 등을 매수한 후 6개월 이내에 매도하거나, 매도 후 6개월 이내에 매수하여 이익이 발생하게 되면 회사에 반환해야 한다.

거래의 대상은 주식뿐만 아니라 전환사채, 신주인수권증서, 개별주식 선물, ELW 등 주식과 연계된 파생상품을 포함한다. 내부자가 이러한 금융상품을 매수한 이후 6개월 이내에 매도한 경우 그 차익을 회사에 반환해야 한다. 공매도한 이후 6개월 이내에 매수하여 이익을 본 경우도 마찬가지다. 임원은 등기 및 미등기 임원을 포괄하며, 주요 주주는 10% 이상의 지분을 소유하거나 사실상의 지배 주주가 해당한다. 다만, 직원의 경우 내부정보에 근접하기 쉬운 기획· 재무· 회계· 공시· 연구개발 부문에 종사하는 직원으로 한정되어 있다.

내부자거래 사전공시제도의 도입

한편, 2024년 7월부터는 내부자의 주식거래를 아예 사전에 공시토록 의무화했다. 기존의 「자본시장법」은 내부자거래를 차단하기 위해 미공개 중요정보 이용에 대한 직접적인 처벌 규정과 함께, 단기 매매차익 반환과 사후공시제도 규정을 두고 있었다. 여기서 사후공시제도란 임원이나 주요 주주의 주식 소유· 변동 사항을 5영업일 내 공시하는 규제를 뜻한다.

그러나 이러한 기존의 사후적 공시와 제재 규정만으로는 미공개정보 이용 등 내부자의 불법행위를 실효적으로 예방하는 데 한계가 있었다. 특히, 사후 공시로는 내부자의 지분변동에 관한 정보가 일반 투자자에게 적시에 제공되지 못하는 문제가 있었다. 이에 「자본시장법」을 개정하여 '내부자거래 사전공시제도'를 새로이 도입하여 2024년 7월부터 시행할 예정이다.

개정된 「자본시장법」에 따르면 상장회사 내부자는 당해 상장회사가 발행한 주식 등을 거래하려는 경우 매매예정일 최소 30일 전에 매매목적· 가격· 수량 및 매매예정 기간 등을 공시해야 한다. 다만, 재무적 투자자들의 사전공시 의무를 면제해 투자전략 노출을 막았다. 또, 과거 6개월 거래를 합산해 거래량이 발행 주식 총수의 1% 미만이면서 거래금액이 50억 원 미만인 거래의 보고의무도 면제했다.

그리고 이른바 '쪼개기 매매'를 막기 위해 사전공시 대상 여부는 과거 6개월간 거래 수량 및 거래금액을 합산해 판단한다. 또 거래 계획과 달리 거래할 수 있는 금액의 범위는 법률이 위임한 최대규모인 30%로 정했다. 만약 이러한 법령을 위반한 채, 거래 계획을 공시하지 않거나 허위로 공시하면 최대 20억 원의 과징금이 부과된다. 또 1년 이하의 징역 또는 3천만 원 이하의 벌금이 부과되는 형사처벌의 대상도 될 수 있다.

암호화폐 사기

스캠코인이란?

암호화폐 시장은 그 가능성만큼이나 위험을 내포하고 있다. 특히, 스캠코인들은 단기간 내에 높은 수익률을 약속하고, 인기 있는 주제나 키워드(key word)를 활용하여 사기를 꾸며 투자자들을 유인한다. 하지만 이들은 결국 사기로 밝혀지면서 투자자들은 큰 손실을 보게 된다. 따라서 스캠코인으로 인한 피해를 방지하기 위해, 투자자들은 충분한 조사와 검증을 거쳐야 한다. 또한, 너무 좋아 보이는 제안에는 항상 숨겨진 위험이 있을 수 있으므로, 현혹되지 않도록 주의해야 한다.

'스캠코인(scam coin)'이란 암호화폐 중에서 사기를 목적으로 만들어진 것을 말한다. 스캠코인은 투자자들에게 과대한 수익률이나 혁신적인 기술을 약속하면서 투자자들을 유인한다. 그러나 실제로는 코인의 가치를 인위적으로 높이거나, 코인을 회수하지 않거나, 코인의 개발이나 운영을 중단하는 등의 사기 행각을 펼친다. 이후 투자자들의 자금을 빼돌리고 잠적하는 방식으로 범행을 저지른다.

문제는 스캠코인이 날로 기승을 부리고 있다는 점이다. 금융감독원에 따르면 2024년 1월~ 4월 말까지 가상자산과 연계된 투자사기 신고건수가 총 2,209건에 달하였다. 대표적 피해사례 7가지를 보면 미신고 가상자산거래소를 통한 사기, 락업코인 판매 사기, 로맨스 스캠 사기, 유명 코인 사칭 사기, 가상자산거래소 직원 등 사칭 사기, 가상자산 리딩방 및 대리매매 사기, 대체불가능 토큰(NFT, Non-Fungible Token) 경매 사기 등이었다.

이중 락업코인 판매 사기란 해외 가상자산거래소 시세보다 저렴하게 매수할 기회라며 락업이 설정된 코인 투자를 권유받았지만, 막상 락업을 해제하는 당일에는 가격이 폭락해 손실을 보는 경우다. 그리고 락업(lock-up)은 주식 상장 후 일정 기간 주식 매매를 금지하는 것을 뜻한다. 또 로맨스 스캠이 더 진화된 '돼지도살(Pig Butchering)스캠'도 기승을 부리고 있다. 이는 마치 돼지를 살찌게 한 뒤 도살해 많은 고기를 얻는 것처럼, 피해자를 꼬드겨 암호화폐를 구입케 한 뒤 초기에 돈을 불려주어 점차 투자 규모를 높이게 한 후 이를 가로채는 수법이다.

스캠코인의 유형

스캠코인에는 여러 가지 유형이 있지만, 대표적인 예는 다음과 같다.

첫째, 펌핑 앤 덤핑(Pump and Dump)형이다. 이는 가격을 조작하여 투자자들을 유인한 뒤, 가격이 최고조에 이르면 많은 양의 코인을 판매하여 가격을 떨어뜨리는 방식으로 이루어진다. 한마디로 주가 조작형 코인이다. 둘째, 폰지(Ponzi)형이다. 이는 리딩방 혹은 로맨스 스캠을 통해 특정 가상화폐에 투자해 높은 수익률을 올린다고 홍보하여 투자자를 유인한 후, 폰지 방식을 이용해 투자자들을 속이는 수법을 취한다. 처음 얼마 동안은 약속한 높은 수익을 제공하지만, 시간이 지나면 결국 먹튀를 해버린다.

셋째, 페이크 ICO(Fake ICO)형이다. 이는 실제 ICO(Initial Coin Offering)를 모방하여 만들어진 가상화폐로, 페이크 ICO 웹사이트를 통해 투자자들을 유인한다. 넷째, 마이닝(Mining)형이다. 이는 채굴을 통해 새로운 코인을 창출해 내는 것을 약속하며 투자자들을 유인한다. 하지만 실제로는 채굴이 전혀 가능하지 않거나, 채굴량이 너무 적어 투자금 회수가 불가능한 경우가 많다.

또한, 스캠코인을 사기의 수준 혹은 단계별로 구분할 때는 다음과 같이 크게 세 분류로 나뉜다.

첫째는 초보적 수준의 스캠으로, 처음부터 사기를 목적으로 만든 것이 이에 속한다. 통상 실현 불가능한 목표를 해결할 수 있는 특수한 기술이나 정보가 있다면서 고수익을 보장하는 수법을 취한다. 그러나 ICO를 통해 자금이 모금되면 곧바로 잠적한다. 보물선 코인으로 사기판을 벌였던 '신일골드코인'이 대표적 사례이다.

둘째는 중급 수준의 스캠이다. 이는 사기를 목적으로 하는 점은 초보 수준 스캠과 같지만, ICO를 한 후 거래소에 상장한다는 점이 다르다. 일반 투자자들은 상장된 코인에 대한 신뢰가 비교적 높은 편이지만, 자금을 유치한 측은 상장 후 시세조작으로 막대한 차익을 거둔 후 사라진다. 즉 사기범들은 초기 '펌핑'으로 거래가를 높인 다음, 한순간에 코인을 다 털고는 잠적해버린다. 그 결과 코인은 시장가치를 잃으면서 휴짓조각이 된다. 이와 같은 수법을 양탄자에 사람들을 올려놓고 갑자기 확 잡아채는 것에 비유해 흔히 '러그풀(Pull The Rug)'이라고 한다.

세 번째는 고급 수준의 스캠이다. 자금을 유치한 측이 처음부터 사기를 목적으로 ICO를 했다기보다는 추진 과정에서 백서대로 실현 불가능하거나, 수익성이 떨어져 중도에 개발 계획을 내부적으로 포기한 코인이 이에 속한다. 결국, 이들은 사기범이 되어 자금을 빼돌리고 잠적해버린다.

스캠코인 vs 유망 코인

스캠코인과 유망 코인을 구별하기 위해서는 다음과 같은 방법을 참고하면 도움이 될 것이다.

첫째, 코인의 백서와 로드맵을 확인한다. 코인의 백서는 코인의 목적과 비전과 기술적 세부사항을 설명하는 문서이다. 코인의 백서를 읽으면, 코인이 어떤 문제를 해결하려고 하고, 어떤 기술을 사용하고, 어떤 장단점이 있는지 알 수 있다.

둘째, 코인의 가격 등락 폭을 확인한다. 코인의 가격은 시장의 수요와 공급에 따라 변동한다. 코인의 가격이 지속적으로 상승하거나 안정적이라면, 코인에 대한 수요가 높고 가치를 인정받고 있다고 볼 수 있다. 반대로, 코인의 가격이 급격하게 하락하거나 변동성이 크다면, 코인에 대한 수요가 낮고 가치가 떨어지고 있다고 볼 수 있다.

셋째, 코인의 거래량과 유동성을 확인한다. 일반적으로 코인의 거래량이 많고 유동성이 높다면, 코인에 관심과 활동이 크다는 것을 나타낸다. 반대로, 코인의 거래량이 적고 유동성이 낮다면, 관심과 활동이 작다는 것을 나타낸다. 따라서 스캠코인은 거래량 적고 유동성이 낮다. 실제로 주요 암호화폐거래소는 거래량이 낮은 코인들을 주기적으로 방출하고 있다.

넷째, 스캠코인 등급 평가 지수를 확인한다. 스캠코인 등급 평가 지수란, 다양한 기준에 따라 코인의 스캠 여부를 점수로 나타낸 것이다. 예를 들어, 'ICOBench'라는 사이트(site)는 전문가들의 평가와 데이터 분석을 통해 코인에 1점부터 5점까지의 점수를 부여한다. 또 'CoinGecko', 'CoinMarketCap' 등의 사이트에서도 코인에 대한 다양한 정보와 평가를 제공하고 있다. 이러한 사이트들을 참고하여 코인의 스캠 여부를 판단할 수 있다. 점수가 낮거나, 정보가 부족하거나, 경고나 주의 사항이 표시된 코인은 스캠코인일 가능성이 크다.

다섯째, 깃허브(Github)를 확인한다. 'Github'는 오픈소스(open source)

프로젝트를 공유하고 협업하는 플랫폼(platform)이다. 다수의 코인들이 Github에 자신들의 소스코드나 개발 진행 상황을 공개한다. 따라서 Github를 확인하면, 코인의 개발 활동도나 품질을 파악할 수 있다. 예를 들어, 커밋(commit)이나 기여자(contributor)의 수가 적고, 이슈(issue)나 풀 리퀘스트(pull request)가 무시되거나 답변이 없다면, 코인의 개발이 미흡하거나 중단되었다고 의심할 수 있다. 또 소스코드(source code)가 없거나, 다른 코인의 소스코드를 그대로 복사한 경우도 스캠코인 가능성이 크다.

여섯째, 앱(App, application)이나 웹서비스(Web Services) 업데이트를 확인한다. 코인이 제공하는 앱이나 웹서비스의 업데이트(update) 상황도 중요한 지표이다. 코인이 지속적으로 앱이나 웹서비스를 개선하고 새로운 기능을 추가한다면, 코인의 가치가 상승할 가능성이 있다. 반대로, 앱이나 웹서비스가 오랫동안 업데이트되지 않거나, 버그(bug)가 수정되지 않거나, 사용자의 피드백(feedback)이 무시된다면, 코인 가치가 하락할 가능성이 있다.

일곱째, 코인 개발진의 신뢰도를 확인한다. 코인 개발진은 코인의 성공과 실패에 큰 영향을 미친다. 대다수 코인의 개발진은 자신들의 프로필이나 이력을 공개하고, 커뮤니티(community)와 소통하고, 미디어 인터뷰를 하고, 콘퍼런스(conference)에 참여하는 등을 통해 신뢰도를 높이는 활동을 한다. 반대로, 코인의 개발진이 익명이거나, 프로필이나 이력이 거짓이거나, 커뮤니티와 소통하지 않거나, 미디어 인터뷰를 거부하거나, 콘

퍼런스에 참여하지 않는 등의 행동을 한다면, 코인의 신뢰도가 낮아질 수 있다.

안전한 암호화폐거래소의 선택

끝으로 거래소도 안전한 곳을 선택해야 한다. 암호화폐 시장의 최대의 리스크는 거래소 리스크라고 해도 과언이 아닐 만큼 거래소 선택은 중요하다. 블록체인(blockchain)은 해킹으로부터 안전하지만, 해킹· 횡령· 시세조작 등 거래소에서 터질 수 있는 사건들은 블록체인 기술이 아무리 발달해도 안전을 담보할 수 없는 영역이다.

암호화폐거래소가 현실의 화폐 거래소와 크게 다른 점은 보안성과 신뢰성이 낮다는 것이라 하겠다. 툭하면 해킹당해서 고객 개인정보나 화폐들이 털리는 것은 물론이고, 타이밍이 중요한 암호화폐 거래 중 수시로 내부 모니터링(monitoring)이랍시고 입출금을 막아버리는 행태도 버젓이 이어지고 있다.

더 큰 문제는 거래소가 코인이 실제로 거래 처리가 되는지 공개를 하지 않는다는 점이다. 이에 고객은 코인이 실제로 거래가 되고 있는지 아니면 거래하는 척만 하고 거래소가 다른 짓을 하는지를 제대로 확인할 수가 없다. 이 때문에 거래소로서는 조작 몇 번 하는 것만으로도 가공의 유동성을 앉아서 창조해 낼 수 있다는 유혹을 받기 쉽다. 이는 암호화폐 거래소의 역할에 의문을 제기하는 근거가 되기도 한다.

다만, 그나마 이러한 위험을 최소화하고 안전한 거래소 선택에 고려할 만한 한가지 기준이 있다. 해당 거래소에 리플(Ripple, XRP)이 상장되어 있는지를 살펴보는 것을 추천한다. 리플 블록체인은 리플랩스(Ripple Labs)와 제휴된 노드(node)들에 의해 운영되고 있으며, 어떤 거래소에서 리플을 상장했다는 것은 이미 리플랩스가 해당 거래소에 대해 살펴보았다는 것을 의미할 수 있기 때문이다.

실제로 다수의 암호화폐거래소들이 사기행각을 벌이거나 파산됨에 따라 투자자들이 피해를 본 사태가 벌어졌다. 그중에서도 대표적인 것은 2022년 11월 터진 FTX 사태이다. 이는 세계 3위 코인거래소인 FTX가 자체발행 코인 FTT로 자산을 부풀리고, 경영진이 고객자산을 부당하게 유용한 사실이 드러나면서 파산으로까지 이어진 사건이다.

샘 뱅크먼프리드(Sam Bankman-Fried)가 2019년 창업한 FTX는 창업 초기 낮은 거래 수수료로 고객을 끌어모았다. 또 자체 토큰인 FTT의 발행, 가상자산 선물과 대출 등 각종 파생상품을 판매하며 사세를 확장했다. 하지만 2022년 11월 가상자산 전문매체인 '코인데스크(coindesk)'가 "FTX가 자체발행 토큰인 FTT를 담보로 거액을 대출받아 몸집을 키웠다."라며 재무 건전성에 의문을 제기하면서 사태가 시작됐다.

여기에 세계 1위 암호화폐거래소인 바이낸스(Binance)가 자사가 보유한 FTT를 전량 매도한다고 선언하면서 대규모 인출사태가 이어졌다. 이에 FTX는 자금 인출을 동결하고 바이낸스에 도움을 요청했지만 거절당했다. 이후 FTX는 긴급 자금을 조달하는 데 실패하자 파산을 신청했다.

FTX 거래소는 마진거래소로, 마진거래는 증거금이 1%만 있어도 거래를 할 수 있다. 따라서 일반 암호화폐거래소와 달리 자산을 보유하고 있어야 한다. FTX 거래소의 재원은 FTX가 자체 발행한 토큰인 FFT였다. FFT가 폭락한 원인은 자회사인 가상자산 투자전문업체 알라메다(Alameda)의 대차대조표 자산 1/3이 FFT로 채워져 있었다는 것이었다.

FTX가 알라메다에 FTT를 대출해 주고, 알라메다는 FTT를 담보로 달러를 대출받았다. 그런데 알라메다가 FFT를 매입하면서 자전거래 형태로 FTT 가격을 올렸다는 의문과 비판에서 가격 하락이 시작되었다. 이후 담보 비율이 하락함에 따라 FTT를 장내 매도하면서 가격은 더욱 폭락하였고, 결국 FTX 거래소에서의 증거금 인출사태가 벌어지게 된 것이다.

암호화폐 사기방지 제도 강화

이처럼 암호화폐 관련 사기가 기승을 부리자 투자자를 보호하고 관련 시장의 건전한 거래 질서를 확립하기 위해 「가상자산 이용자 보호 등에 관한 법률(가상자산법)」이 제정되어, 2024년 7월부터 시행된다.

동 법에 따라 가상자산도 일반 주식처럼 미공개 중요정보이용 행위, 시세조종 행위, 부정거래 행위 등이 금지되며, 위반 시 형사처벌 또는 과징금이 부과된다. 형사처벌의 경우에는 1년 이상의 유기징역 또는 부당이득액의 3배 이상 5배 이하에 상당하는 벌금 부과가 가능하다. 또한, 부당 이득액이 50억 원을 넘어서면 최대 종신형에 처해질 수 있는 근거도 마련됐으며, 부당 이득액의 2배에 상당하는 과징금 부과도 가능하다. 이 같은 범행을 적발하기 위해 가상화폐거래소는 이상 거래를 상시로 감시하고, 불공정거래가 의심될 경우 금융당국과 수사기관에 통보해야 한다.

이 외에도 가상자산 이용자 자산의 보호를 위하여 가상자산 사업자는 예치금을 고유재산과 분리하여 예치 또는 신탁 관리하고, 이용자 가상자산 중 일정 비율 이상을 인터넷과 분리하여 보관해야 한다. 비율은 해당 가상자산 경제적 가치의 80% 이상으로 정해졌다. 또한, 해킹(hacking), 전산 장애 등 사고 책임을 이행하기 위해 감독규정이 정하는 기준을 보상한도로 보험 또는 공제에 가입하거나 준비금을 적립해야 하는 조치도 적용된다.

스캠코인의 사례

다양한 국내외 암호화폐 사기 사건

2017년 12월, '비트코인 플래티넘(BTP)' 사기 사건이 터졌다. 비트코인(Bitcoin)에서 새로운 가상화폐를 파생하는 이른바 하드포크(hard fork) 소식이 국내외 가상화폐 시장에 올라오면서 비트코인 가격은 순식간에 폭등했다. 그러나 한 달 후 BTP 개발은 사기로 드러났다. BTP는 처음 한국의 고등학생들이 장난삼아 개발을 진행했다. 그런데, 점차 사건이 커지면서 감당이 되지 않자 BTP 개발을 포기했고 사이트(website)도 폐쇄되었다.

그 결과 암호화폐 시장은 순식간에 폭락했다. 비트코인 시세는 하룻밤 사이에 1,000만 원 가까이 폭락했고, 전 세계적으로 암호화폐 시가총액이 50조 원 가까이 떨어졌다. 이후 개발진이 공유하는 SNS 아이디를 통해 '그러게 누가 사랬냐. 솟 개꿀띠' 등의 조롱성 글이 올라오면서 일반 투자자들의 분노를 키웠다. 이로 인해 개발진들은 신변상의 위협을 받게 되었고, 신원이 공개된 고등학생 B군은 살해 협박 등을 받아 경찰의 신변 보호 조치를 받기도 했다.

2018년에는 '신일골드코인' 사건이 터졌다. 이는 해저 보물선 발굴을 미끼로 한 전형적인 투자 사기다. 신일그룹은 1905년 러일전쟁 당시 울릉도 근해를 항해하다 침몰한 러시아 군함 돈스코이호에 150조 원의 금괴가 있으며, 담보로 신일골드코인 투자 시 보물선 인양 후 이익배당금의 10%를 주겠다고 홍보한 사기 사건이다. 그러나 금괴는 실제 존재하지 않았고, 사기행각을 벌인 신일그룹 주요 관계자들은 무더기로 실형을 선고받았다.

'삼성코인(Samsung Coin)'과 이재용 삼성전자 회장을 내세운 이른바 '이재용 코인'이 등장하기도 했다. 스캠 코인 일당은 한국의 삼성전자 회사와 아무런 관련이 없음에도 불구하고, 마치 삼성전자와 관련된 암호화폐인 것처럼 허위로 홍보하고 막대한 투자자금을 모은 뒤 잠적했다. 이후 또다시 이 회장이 투자한 코인이라며, 1,000%의 수익률을 보장한다는 허위 광고를 게재한 사기 사건이 연이어 발생하였다.

밈코인(Meme Coin) 사기 주의보

'밈코인(Meme Coin)'이 기승을 부리기도 했다. 밈과 코인을 합성한 단어로, 밈에 영감을 받아 탄생한 암호화폐를 지칭하는 용어다. '밈(Meme)'이란 글과 사진, 동영상 등 콘텐츠가 온라인에서 복제를 거듭하며 유행하는 현상이다. 밈코인은 특별한 목표나 기술력 없이 인기 캐릭터를 앞세워 재미 유발을 목적으로 하는데, 화제를 모은 후 가치가 급격히 폭락하는 경우가 많기에 투자 주의가 필요하다.

밈코인 종류에는 도지코인, 시바이누(SHIB) 등 수천 가지가 있다. 처음 만들어진 밈 코인은 2013년 탄생한 '도지코인(Dogecoin)'이다. 테슬라 CEO 일론 머스크가 도지코인을 지지하는 글을 연달아 올리면서 그 인기가 급등했으나, 이후 가치가 떨어져 투자자들이 큰 손해를 보았다. 이후 이를 모방한 밈코인이 잇따라 등장하기도 했다.

2023년 4월 13일에는 '페페(Pepe the frog)'라는 유명 개구리 캐릭터를 내세운 '페페코인'이 출시되며 인기를 끌고 있다. 2021년 '오징어 게임 코인(SQUID)'이라는 스캠코인이 출시되었다. 이는 넷플릭스 드라마 '오징어 게임'이 글로벌 시장에서 역대급 흥행을 하며 최고 조회 수를 기록하자, 이름을 도용하여 넷플릭스와 아무런 관계가 없는 스캠코인이 만들어진 것이다. 코인 가격이 하루 사이에 2,400% 이상 폭등하기도 했으나, 결국 스캠코인으로 밝혀지면서 가격은 폭락하였다.

2024년 들어서는 도널드 트럼프 전 미국 대통령이 차기 미국 대선 유력 후보로 꼽히면서, 마가라는 밈코인이 화제를 모으고 있다. '마가(MAGA)'는 트럼프 전 대통령이 지난 2016년 선거 당시 썼던 대선 구호인 'Make America Great Again(미국을 다시 위대하게)'의 약어인 'MAGA'에서 따온 이더리움 기반 밈코인이다. 마가는 트럼프 전 대통령이 최대 보유자로 밝혀지면서 '트럼프 테마 밈코인'으로 유명해졌다.

루나(LUNA)-테라(Terra) 사기

2022년 5월, 루나(LUNA)-테라(Terra) 폭락사태가 터졌다. 이는 블록체인 기반 기업 '테라폼랩스(Terraform Laps)'에서 발행한 암호화폐 '테라(Terra, UST)'와 그 가치를 유지하기 위한 자매 코인인 '루나(LUNA)'가 동시에 대폭락한 사건이다. 한때 글로벌 가상자산 중 시가총액 7위에 오른 루나-테라 코인 가격이 1주일 동안 99% 이상 폭락하여 사실상 휴지가 되었다. 이로 인한 글로벌 피해액이 50조 원 이상으로 추산되며, 그 여파로 디파이(DeFi) 플랫폼 '셀시우스(Celsius)'가 파산하고, 미국의 대형 헤지펀드 '3AC(Three Arrow Capital)'도 파산하는 등 연쇄반응이 일어났다.

루나-테라 코인은 '스테이블코인(stable coin)'이다. 이는 미국 달러 등 법정화폐나 혹은 기존 암호화폐와 1대 1로 가치를 고정(pegging)하여, 가격 변동성을 최소화하도록 설계된 암호화폐다. 보통 1코인이 1달러의 가치를 가지도록 설계된다. 암호화폐 특성상 금액이 오르고 내리는 변동 폭이 크다는 점을 보완하기 위해 만들어졌기에, 총 암호화폐 시장 거래량의 70~90%를 차지할 정도로 커다란 인기를 끌고 있다.

테더(Tether, USDT) 코인이 대표적인 스테이블코인이고, 이 외에도 HUSD, PAX, GUSD, USDC 등의 다양한 스테이블코인이 발행됐다. 다른 암호화폐와 달리 변동성이 낮아 탈중앙화 금융인 '디파이(DeFi, Decentralized Finance)' 같은 암호화폐와 블록체인 기반 금융상품에도 많이 이용된다.

그러나 스테이블코인도 일반 암호화폐와 마찬가지로 법정화폐와 같은 완전한 안정성이 보장되지 않는다. 수시로 담보대상과의 디페깅 현상이 일어나고 있다. '디페깅(depegging)'은 해당 스테이블코인에 대한 불신을 높이면서 한꺼번에 가격이 하락하고, 스테이블코인 자체가 휴짓조각이 되어버린다. 또 관리기관의 부실 운영으로 인한 사용자 피해 발생, 알고리즘의 불투명성과 오작동 등 다양한 문제들이 내재하여 있다. 이에 뱅크런(bankrun)과 같은 코인런(coinrun) 문제가 야기 될 수 있다. 이러한 우려가 루나(LUNA)-테라(Terra) 폭락 사건에서 실제로 발생하였다.

보통의 스테이블코인은 현금, 국채 등의 안전자산을 담보로 발행되는데, 테라는 루나를 통해 가치를 유지하는 알고리즘(algorithm)을 채택하고 있다. 스테이블 코인인 테라UST와 담보 토큰인 루나로 구성된 이중 토큰 시스템을 사용한다. 1달러에 해당하는 1테라는 1루나와 서로 교환이 가능하다. 테라의 가격이 1달러 이상으로 오르면 차익거래를 위해 루나를 테라로 교환하려는 수요가 증가해 루나 공급량이 줄고 테라 공급량이 증가한다.

예를 들어, 테라의 수요가 높아져 가격이 1달러에서 1.5달러로 올라가면 1달러 상당의 루나를 가진 사람들이 루나를 테라로 교환해 0.5달러를 벌 수 있다. 이렇게 테라의 공급량이 증가하면 다시 가격은 1달러까지 하락하게 된다. 반대로 테라의 가격이 1달러 이하로 떨어지면 루나의 공급량이 증가하고 테라의 공급량은 줄어들면서 1달러까지 회복하게 된다. 즉, 테라가 0.5달러로 떨어지면 테라를 1달러 가치의 루나로 바꾸려는 사람이 많아지면서 테라의 공급량이 감소하고 테라의 가치는 1달러로 상승하게 된다는 것이다.

테라폼랩스(Terraform Laps)는 투자자가 루나를 예치하면 최대 연 20%에 달하는 이자를 코인으로 지급하는 디파이(DeFi) 서비스인 앵커 프로토콜(Anchor Protocol)을 통해 루나의 가격을 뒷받침했다. 투자자는 루나를 담보로 시가의 60%까지 테라를 대출받아 이자수익을 낼 수 있는데, 이러한 방식으로 투자자를 유치한 루나는 2022년 4월 그 가치가 15달러에서 119달러까지 오르면서 글로벌 가상자산 시가총액 순위 7위에 오르기도 했다. 그러나 5월 12일 테라의 가치가 0.59달러까지 떨어지면서 테라와 루나가 동반 폭락하는 사태가 발생했다.

2022년 5월 1일 국내외에서 10만 원 선에 거래되던 루나는 테라의 대량 매도가 일어나면서 5월 6일 무렵부터 하락세를 보였다. 9일 이후 며칠 동안에는 99% 이상 폭락해 시가총액이 4월 52조 7천억 원에서 5월 3조 8천억 원대로 하락하면서 투자자들이 입은 전체 피해 규모는 총 50조 원 이상일 것으로 추정된다. 이는 테라가 1달러 밑으로 떨어진 상태에서 회복되지 않자 테라폼랩스가 비트코인으로 많은 양의 테라를 사들이며 가격상승을 꾀했음에도 불구하고 회복되지 않으면서 발생했다.

여기다 테라폼랩스가 대량의 테라를 루나로 교환하고 코인 가치 하락을 예상한 투자자들이 테라와 루나를 팔면서 테라와 루나의 동반 급락이 발생, 세계 가상자산 시장에 큰 타격을 입혔다. 즉, 향후 가치가 더 떨어질 것을 우려한 투자자들이 테라를 팔면서 테라의 가격이 더 하락하였다. 이를 회복하기 위해 테라를 소각하고 루나를 추가 발행하면 루나의 가치도 떨어졌다. 그리고 루나와 연동된 테라의 가치도 또다시 떨어지는 악순환에 빠지게 된 것이다. 이후 루나 재단에서는 3조 원 가치의 비트코인을 팔아서 이를 막아보려고 했지만, 50조 원 이상에 달하는 투자 규모를 막을 수는 없었다.

루나 가격 추이

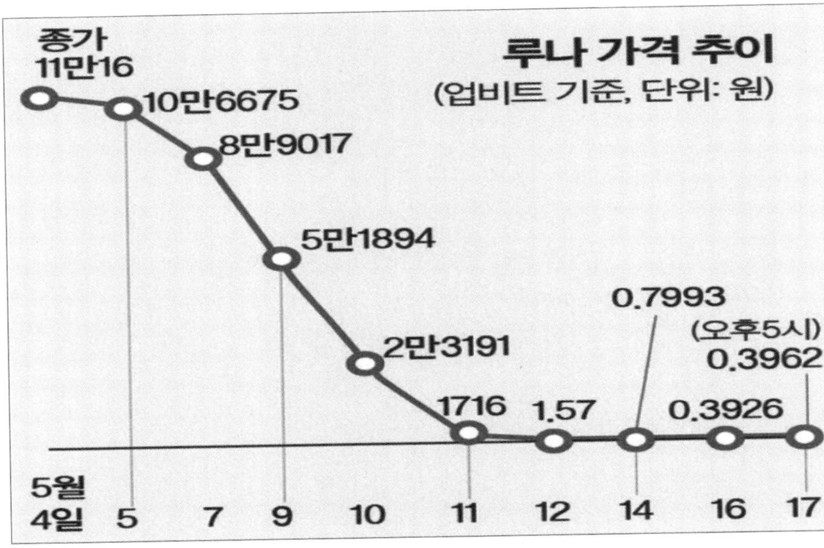

이 사태는 알고리즘 기반 스테이블코인이 원천적으로 지닌 한계 또는 모순점에 기인한다. 사실 테라 소유자들은 테라를 1달러로 바꿀 수 있는 권리가 테라폼랩스에 의해 보장되어 있으나, 자세히 따져보면 교환 시점의 1달러에 상응하는 루나로 바꿀 수 있는 권리를 가진다. 보다 구체적으로 말하자면 루나 역시 실시간으로 가치가 바뀌는 코인이라는 것이다. 테라를 루나로 바꾼 이후 루나를 팔 때까지의 시간 안에 루나의 시세가 방어되지 않고 실시간으로 동반 추락하게 되면 결국 1달러의 가치 보장은 실패하고, 테라가 1달러 가치를 보장하지 못하는 순간 신용이 무너져 코인런(coinrun) 사태를 막지 못하게 된다.

사태가 심각해지자 세계 최대규모의 바이낸스(Binance)와 국내 최대인 업비트(Upbit)를 비롯한 국내외 주요 가상자산거래소들은 루나와 테라에 대한 거래 중단과 상장폐지 조치를 단행했다. 이후 테라폼랩스의 권도형 대표는 미국과 한국 양 국가에서 사기 등의 혐의로 검찰이 기소한 상황에 놓여 있다. 그리고 이중 어느 나라에서 재판을 받게 될지에 대한 문제를 두고 세계적 관심을 끌고 있다.

파생상품 사기

파생 금융상품이란?

파생 금융상품(financial derivatives)이란 기초자산의 가치 변동에 따라 가격이 결정되는 금융상품을 말하며, 그 가치가 기초자산의 가치 변동으로부터 파생되어 결정되기에 '파생상품'이란 이름이 붙여졌다. 다양한 형태로 존재할 수 있는 파생상품 중에서도 주식, 채권, 외환, 상품 등을 기초자산으로 하여 선물 또는 옵션의 형태로 가장 많이 거래된다. 거래대금 10~20%의 증거금만 내고 미래의 권리를 사고파는 거래 형태라고 할 수 있다.

파생상품은 불확실한 미래 가격변동에서 오는 리스크를 줄이는 헤지(hedge)가 본래의 목적이나, 기초자산의 미래 가격변동을 예상하고 레버리지(leverage)를 이용한 투기적 목적으로도 많이 활용된다. 특히, 기존의 금융상품과 파생상품이 결합하면서 다양한 형태의 금융상품 개발이 가능해졌다. 이러한 파생금융상품 거래의 확대는 의사결정의 불확실성을 줄임으로써 경제활동을 촉진한다는 면에서는 긍정적이다. 그러나 투기적 목적에 의한 거래의 증가와 더불어 금융시장의 안정성을 저해할 우려 또한 커지고 있다.

파생 금융사기의 특성

파생 금융사기란 파생 금융상품을 매개로 이뤄지는 사기 사건을 뜻한다. 그런데 이는 주식 등 기초자산을 매개로 하는 일반 금융사기와 비교할 때 규모와 강도 면에서 훨씬 더 폭발적이다. 그 이유는 파생상품 거래의 몇 가지 성격에 기인한다.

첫째는 파생상품의 경우 이름부터가 낯설고 내용과 구조가 이해하기 어렵고 복잡하기 때문이다. 가령 A라는 회사의 주식 가격은 해당 기업의 여건에 따라 변동한다. A사가 성장하면 주가는 상승하고, A사에 안 좋은 일이 생기면 주가도 하락한다. 반면 A사 주식을 기초자산으로 삼는 B라는 파생상품의 가격은 좀 다르게 움직인다. 일정한 규칙을 정해두고, 이 규칙을 A사 주식의 가격변동에 적용해 B의 가격이 결정된다. 기초자산과 더불어 가격 결정 메커니즘(mechanism)에 대한 지식이 필요하기에, 파생상품은 전통적인 금융상품에 비해 이해하기 까다롭다.

이에 불완전판매의 여지가 크다. 실제로 불완전판매의 문제는 대부분 파생상품 관련 거래에서 일어나고 있다. KIKO(Knock In Knock Out), ELS(Equity Linked Securities), DLF(Derivative Linked Fund) 등을 둘러싸고 나타난 불완전판매가 바로 그것들이다.

둘째는 레버리지 효과 때문이다. '레버리지(leverage)'란 자기자본보다 많은 돈을 빌려 투자할 수 있도록 허용하는 비율을 뜻한다. 이를 통해 커다란 수익을 올릴 수 있으나 손실에 대한 위험성 또한 그만큼 커진다. 따라서 수익과 손실을 볼 수 있는 여러 가지 가능성을 고려하지 않고 한 가지 가능성에만 투자하다가는 원금 100% 손실도 입게 되는 것이다.

더욱이 레버리지 비율이 높으면 원금 이상의 손실을 볼 수도 있다. 이는 금융회사는 계약한 파생상품이 손실 구간에 들어서면 마진콜을 하게 되고, 투자자가 마진콜에 응하지 않으면 바로 반대매매에 들어가기 때문이다. '마진콜(margin call)'이란 금융시장에서 선물회사가 당일 결제를 매일 정산하여 선물 가격변동에 따른 손익을 증거금에 반영하고, 손실액이 일정 수준을 초과해 증거금이 부족한 경우 증거금을 채워 넣도록 고객에게 요구하는 것을 뜻한다.

마진콜은 일일정산을 하는 선물이나 옵션 등 파생상품 거래에서 주로 발생하나, 신용거래나 공매도처럼 레버리지를 끼고 하는 모든 거래에서 발생할 수 있다. 마진콜을 당하게 되면 개시증거금 수준까지 증거금을 채워야 하며, 채우지 못하면 반대매매로 포지션이 강제 청산된다. 이때 시가로 청산되기 때문에 매우 낮은 수익률로 매각되면서 투자자는 원금보다 큰 손실을 안게 된다. 그 결과 파생상품을 통한 금융사기는 일반 금융상품을 통한 사기보다 그 규모가 훨씬 더 커질 수밖에 없다.

셋째는 기초상품의 가격이 오르든 내리든 양방향 전략이 가능하다는 점이다. 예를 들어 주가 하락이 예상될 때는 공매도(short position)를 할 수 있고, 반대로 주가 상승이 예상되면 매입 거래(long position)도 가능하다는 뜻이다. 즉 롱포지션(long position)과 숏포지션(short position)을 동시에 행사할 수 있다는 것이다.

'롱(long)'은 미래에 가격이 오를 것으로 생각하고 투자하는 방식이다. 미래에 가격이 오른다면 지금이 상대적으로 저렴하다는 뜻이 된다. 그러니 미래에 현재의 가격으로 살 수 있도록 거래를 해두는 투자 방식이 롱포지션이다. 즉 거래 대상을 미리 빌려서 가져온 다음, 약속된 거래시간에 대상을 팔고 빚을 갚는 개념이다.

반대로 '숏(short)'은 앞으로 가격이 내릴 것을 예상해서 투자하는 방식이다. 미래에 가격이 내린다면 지금이 상대적으로 비싼 값이 된다. 그러면 지금 비쌀 때 팔고 미래에 쌀 때 사면 이득을 볼 수 있다는 생각으로 투자를 하는 전략이 숏포지션인 것이다.

롱과 숏을 통한 잠재수익 개념도

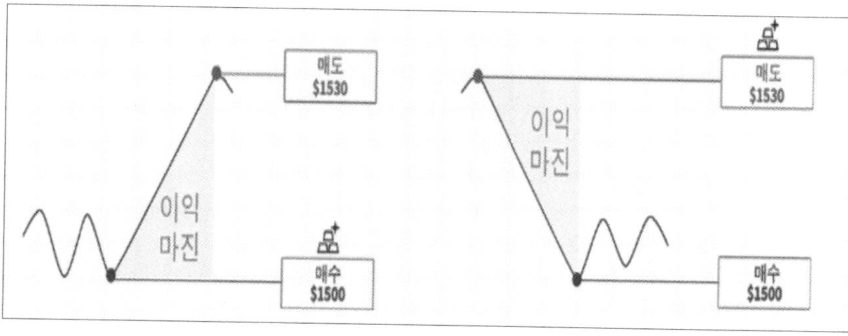

베어링스(Barings)의 파산

1995년 10억 달러의 손실이 발생함으로써, 유서 깊은 영국의 명문 은행 베어링스(Barings)가 파산하게 된다. 베어링스는 1803년 미국이 프랑스로부터 루이지애나주를 사들일 때 매입 자금을 빌려준 은행이었으며, 영국 왕실도 고객으로 두어 '여왕의 은행(the Queen's Bank)'으로 불렸을 정도였다. 그러나 닉 리슨이라는 한 직원의 투자 실패로 은행은 문을 닫게 된다.

닉 리슨(Nicholas Leeson)은 1989년 베어링스에 입행한 후 선물 및 옵션 거래의 전문가로 두각을 나타냈다. 이후 은행은 1992년 급성장하는 선물 및 옵션 거래시장에 대비하기 위해 싱가포르지사 사무소장으로 닉 리슨을 임명했다. 이후 리슨은 지수거래 차익을 통해 많은 수익을 올렸다. 당시 오사카와 싱가포르 거래소에서는 모두 닛케이(日□, Nikkei) 225 선물을 취급하였는데, 두 거래소 간에 발생한 가격 차이를 잘 활용했다.

그러나 잘 나가던 리슨에게 위기가 닥쳤다. 부하직원이 실수로 2만 파운드를 날리면서 그의 인생은 어긋나기 시작했다. 회사의 문책을 걱정한 리슨은 88888 에러계좌에 손실을 숨겼다. 당시 베어링스 은행 내부에는 착오 등 실수로 인한 손실을 처리하는 계좌가 있었는데, 이것이 바로 88888 에러계좌였다. 88888 에러계좌는 휴면계좌로 처리돼 본사에서는 파악하지를 못했다.

그런데 88888계좌를 이용하는데 맛을 들인 나머지, 리슨은 다른 손실도 모두 이 계좌에 기록해 손실을 은폐했다. 리슨은 이익이 나면 정식 계좌에 등록하고, 손실이 나면 88888 에러계좌에 감추는 식으로 베어링스 은행 전체 이익 중 5분의 1을 만들었다. 그는 대차대조표와 장부를 교묘하게 조작해 본사에 손실이 보고되지 않도록 손을 썼으며, 본사에서는 그를 신뢰해 더 많은 돈의 관리를 맡겼다. 은행은 리슨을 금융계의 제왕으로 부르며 그의 투자 방식에 감탄하기 바빴다. 하지만 리슨은 막대한 손실을 감추고 있었고, 숨겨진 손실은 점점 쌓여 1992년 200만 파운드에서 1994년 말에는 5억 1,200만 파운드에 달했다.

리슨은 그간의 누적 손실을 일시에 만회하기 위해 모험을 감행했다. 1995년 1월 16일, 주가지수가 큰 폭으로 오르거나 내리지 않고 밤새 안정적으로 유지될 것으로 전망하면서, 싱가포르와 도쿄 증권거래소에서 투기적 거래를 했다. 그러나 일본 고베에서 지진이 발생하면서 니케이 225 지수는 폭락했고, 리슨의 손실도 큰 폭으로 증가했다.

그는 여기서 그치지 않고 주가지수 선물을 대량 매입하는 마지막 모험을 저질렀다. 고베 지진 복구를 위한 재정지출 증가로 일본경제가 회복되고 주가도 상승할 것이라는 전망에 근거한 매입이었다. 그러나 기대와 달리 주가지수는 1995년 1~2월 중 15% 이상 하락하여, 리슨은 주가지수 선물거래에서만 3억 파운드의 손실을 냈다. 최종적으로 그는 8억 2,700만 파운드의 손실을 냈고, 이는 베어링스 은행 자기자본의 두 배에 달했다. 마침내 베어링스 은행은 파산에 이르렀고, 네덜란드 은행 ING 그룹에 매각된다. 과도해진 부채로 인해 매각 대금은 단돈 1파운드였다. 한편, 리슨은 도피 중 체포되어 6년 6개월의 징역형을 선고받았다.

CFD 금융사기

2023년 4월 일어난 소시에테 제네랄(SG) 증권에서 비롯된 주가 폭락 사태는 파생상품을 통한 사기 사건임이 드러났다. 이로 인해 연예인, 의사, 기업인 등을 위시해 많은 투자자들이 차액결제거래(CFD) 방식의 주식 투자를 하다가 크게 손실을 보았다. CFD(Contract for difference)는 개인이 주식을 보유하지 않고 주식을 산 가격과 판매한 가격의 차액, 즉 매매차익만을 현금으로 결제하는 장외 파생상품 계약이다. 파생상품이기에 당연히 레버리지 효과가 나타나고, 양방향의 투자전략도 가능하다.

CFD 거래를 할 때 레버리지가 높으면 장단점이 있다. 이번 사건의 도구인 CFD에 적용된 최고 레버리지는 2.5배였다. 40%의 증거금만 납입하면 주식을 거래할 수 있어 최고 2.5배의 투자 성과를 거둘 수 있으며, 신용융자와 달리 공매도처럼 주가 하락에도 베팅할 수 있다. 그만큼 투자수익률을 높일 여지가 크다.

그러나 소폭의 주가 변동에도 청산될 가능성 역시 커진다. 증권사는 CFD 계좌가 손실 구간에 들어서면 즉, 증거금이 소진될 위험에 놓이면 손실 회피를 위해 마진콜(margin call)을 하게 된다. 투자자가 마진콜에 응하지 않으면, 다음날 바로 반대매매에 들어가게 된다. 그리고 반대 매물이 전액 소화되지 못한다면, 그다음 날 더 낮은 가격으로 매도주문을 한다. 이에 따라 무더기 하한가 사태가 벌어지게 되었고, 레버리지를 쓰지 않은 투자자까지 손실을 보는 결과를 초래하였다.

한편, 이처럼 CFD가 손쉽게 주가조작과 파생상품 사기의 도구가 된

데는 규제 완화의 영향이 컸다. 금융당국은 2016년 CFD 판매를 허용하면서, 거래 자격을 위험성이 크다는 이유로 금융투자상품 잔액 5억 원 이상 등 전문투자자로 제한했다. 하지만 2019년 말, 투자 자격을 투자상품 잔액 5,000만 원 등으로 크게 낮췄다. 그 결과 전문투자자라는 말이 무색할 만큼 CFD 진입장벽이 낮아졌고, 거래량은 폭증했다.

파생상품 투자사기 예방법

미국 서브프라임모기지(subprime mortgage) 사태로부터 촉발된 2008년의 전 세계적 금융위기도 파생상품을 매개로 한 금융사기의 후유증이 증폭된 것이라 할 수 있다. 다시 말해 제대로 검증되지 않은 파생상품이 제약 없이 만들어지고 날개 돋친 듯 팔려나가면서 시장과 현실이 큰 괴리를 보인 것이 원인이었다.

상환능력이 없는 이들에게 대출을 통해 주택을 살 수 있도록 했으나, 더 이상 부동산가격이 오르지 못하는 상황과 맞물리며 대출 상환이 연체되기 시작했다. 검증 없이 안정성 높은 상품인 양 거래되던 부동산 대출 관련 파생상품은 2008년 봄 들어 사실상 무너져 내리기 시작했다. 결국, 세계 4위의 투자은행 리먼 브라더스(Lehman Brothers) 까지 부도를 선언할 만큼 금융시장에 큰 혼란을 초래하였다.

우리나라에서도 금융사기범들은 주식 등 기초자산을 매개로 한 사기 행각에서 선물옵션 등 파생상품 쪽으로 점차 이동하는 경향을 보인다.

이들은 하나같이 자신들의 전문성과 파생상품의 레버리지 효과를 통한 고수익성을 홍보하고 있다. 그러나 파생상품은 구조가 복잡해 어렵기도 하지만 잘못하면 커다란 손실을 볼 수 있기에 위험하다. 금융당국도 개별 주식에 대한 감시는 삼엄하게 진행하지만, 파생상품은 사실상 감시의 사각지대여서 사기 피해 가능성이 커지고 있는 형국이다.

주식과 파생상품 등 증권사기의 유형과 형태는 변화하고 있지만, 본질은 같다. 높은 수익률과 수익을 낼 확률이 크다는 점을 강조하면서 리스크는 전혀 알리지 않는다는 것이다. 전문가들은 "투자기법이 고난도여서 돈을 맡겨 달라"고 요구하는 경우 금융사기일 가능성이 크다고 지적한다. 파생상품 투자는 주식보다 수익이 더 크게 날 수가 있지만, 손실 또한 훨씬 더 커질 수 있다는 사실을 깊이 명심해야 할 것이다.

불완전판매

불완전판매란?

2011년 부산저축은행을 비롯한 10여 개 이상의 상호저축은행이 부실화되어 영업이 정지되었다. 이 과정에서 영업정지된 저축은행이 발행한 후순위채권에 투자한 투자자들이 투자액을 회수하지 못하고 큰 손해를 입었다. 후순위채권이란 채권발행회사가 파산했을 때 채무 변제순위가 일반채권보다 뒤에 있는 채권으로, 금융회사는 주로 자기자본비율을 높이기 위해 후순위채권을 발행한다. 일반채권보다 금리가 높기에 투자자들이 선호하는 경향이 있다.

그러나 예금자보호 대상이 아닐 뿐만 아니라 회사 부도 시 다른 채권자들에 대한 부채가 청산된 이후 '후순위로 상환'을 받게 되므로 다른 채권에 비해 투자금 회수 가능성이 작다. 그런데도 저축은행 직원들은 후순위채권을 투자자들에게 판매하면서, 이러한 상품 특성과 투자 위험성에 대해 정확하게 설명하지 않은 것으로 드러났다. 그 결과 이는 우리나라 불완전판매의 첫 사례로 지목되고 있다.

'불완전판매(mis-selling)'란 금융회사가 금융소비자에게 금융상품을 판매하는 과정에서 지켜야 할 중요 사항들을 누락했거나, 허위· 과장 등으로 오인에 이르게 하였을 때를 의미한다. 이러한 불완전판매의 유형에는 여러 가지가 있다. 특히, 금융회사의 이익을 위해 무리하게 금융상품의 구매나 투자를 권유하거나 해당 금융상품에 대한 핵심적인 내용, 즉 고객이 부담하게 되는 비용과 위험요인과 같은 필수사항에 대해 충분한 설명을 하지 않는 경우가 대부분을 차지한다.

그런데 불완전판매로 인한 피해구제를 신청하는 사람들 대부분이 노인이나 가정주부와 같이 상대적으로 금융역량이 취약한 금융소비자 계층이어서 문제의 심각성이 더욱 크다. 그 결과 불완전판매란 금융소비자의 정보력과 교섭력이 낮은 점을 이용하여 금융회사가 이익을 취함으로써, 금융소비자에게 손실을 초래하는 불공정거래 나아가 금융사기로도 이해할 수 있다.

불완전판매의 발생 원인

불완전 판매가 발생하는 원인을 살펴보자. 첫째, 금융시장의 불완전경쟁을 들 수 있다. 이는 금융시장은 진입에 어느 정도 제한이 있어 소수 몇몇 금융회사들이 영업경쟁을 하고 있는데 기인한다. 그리고 금융상품도 어느 정도 차별화된 구조와 특성을 지니고 있으며, 무엇보다 정보가 투자자들에게 완전하게 주어지지 않는다.

둘째, 금융상품의 판매 채널 다양화가 불완전판매에 영향을 주기도 한다. 예를 들면 은행에서 보험상품을 판매하는 방카슈랑스(Bancassurance)는 많은 경우 판매직원이 보험에 대한 전문적 지식이 부족한 상태에서 상품을 권유하고 있다. 또 대출해 주는 고객에게 우월적 지위를 이용하여 구속성 보험계약을 체결하도록 강요하는 사례도 빈번히 일어나고 있다.

셋째로는 금융상품의 거래구조와 조건 등 내용을 이해하기 어려워 금융회사 직원의 권유나 조언이 상품 선택에 큰 영향을 미치는 경향이 있다. 사실상 이것이 가장 보편적인 불완전판매의 요인으로 지적되고 있다. 특히, 파생상품의 개념과 구조는 매우 복잡하고 위험하여 기업, 금융, 주식에 대한 기본지식이 없는 사람들은 손실을 볼 확률이 높다. 실제로 KIKO, ELS, CFD 등 근래에 문제가 되었던 금융사태의 매개 상품들도 내용 자체가 어렵다 보니 사기 일당에게 좋은 먹잇감이 되었다.

주식의 경우 기본지식이 조금 부족하더라도 분산투자 개념을 알고 신용도가 높은 우량주에 장기투자하면 손실보다는 이득을 볼 가능성이 크다. 반면, 파생상품은 계약의 내용과 조건이 복잡할 뿐만 아니라 자칫 원금을 크게 잃을 수도 있는 위험이 존재한다. 또 계약 기간이 명시되어 있어 장기투자를 통한 손실 만회의 기회조차 없다.

더욱이 파생상품은 '레버리지' 효과가 있기에 상품 판매자는 이를 통해 실제 투자금액의 몇 배 이상의 투자 효과도 거두게 된다는 감언이설로 투자자를 유혹한다. 반면, 손실을 볼 때는 투자원금 전액을 날리거나 심지어는 추가적인 자금을 물어넣어야 한다는 불리한 측면은 제대로 설명하지 않는다. 이처럼 유리한 측면만 강조하고 불리한 측면에 대해서는 제대로 설명하지 않은 점이 근래 불거진 파생상품 불완전판매 사태의 본질이다.

보험업권에서의 불완전판매

한편, 금융기관별로는 보험업권에서 불완전판매 사례가 가장 빈번히 일어나고 있다. 보험업권 불완전판매 건수는 2017년 4만 396건, 2018년 3만 3,583건, 2019년 2만 6,826건, 2020년 2만 244건, 2021년 1만 2,471건으로 매년 감소하는 추세를 보였다. 그러나 지금도 여전히 연간 평균 2만 건을 웃도는 불완전 판매가 발생하고 있다. 그런가 하면 일부 보험사는 특정 상품을 일주일만 판매하는 '떴다방'식 영업을 벌여 불완전판매 우려를 키우고 있다.

최근에는 생명 보험사들이 종신보험을 저축성 보험으로 판매하거나 지나치게 환급률을 높여 판매하는 행위가 증가하고 있다. 종신보험은 가입자 본인이 사망했을 때 유족에게 보험금이 지급되는 보장성 보험으로, 목돈을 모아가는 연금보험과 같은 저축성 상품이 아니다. 사망 보장에 대한 사업비 등을 떼기 때문에 중도 해지 시 위험 보장을 받지 못하고, 낸 보험료에 비해 돌려받는 돈이 매우 적을 수 있다는 점도 다르다. 그러나 다수의 생명 보험사들은 종신보험이 은행 저축성예금보다 수익률이 높아 목돈 마련에 좋다고 설명하는 등 종신보험을 저축성 상품으로 설명해 판매하는 사례가 끊이질 않고 있다.

특히, 납입기간이 짧고 환급률이 100%가 넘어간다는 점을 강조하며 보장성 상품인 5~10년 단기납 종신보험을 저축성보험으로 판매하는 사례가 많았다. 이에 금융감독원은 과도한 환급률이 저축성보험으로 오인시키는 등 불완전판매를 야기할 수 있고, 재무건전성 악화에도 영향을 끼칠 수 있다며 환급률을 하향 조정하라고 경고했다. 이후 생명 보험사들은 단기납 종신보험의 납입· 거치 기간을 5~7년에서 10년으로 늘리는 한편, 환급률도 130%대에서 120%대로 하향 조정했다. 그러나 여전히 환급률이 높다는 시각이 적지 않다.

이처럼 단기납 종신보험에 대한 금융당국의 규제가 강화되자 이제는 '경영인 정기보험' 상품에 대한 판매 경쟁이 치열해지면서 또 다른 불완전판매 이슈가 불거졌다. '경영인 정기보험'은 중소기업 대표이사 등 최고경영자(CEO)를 피보험자로 해 경영진 유고에 대비하는 보장성 상품이다. 보험사들은 경쟁적으로 이 상품에 대한 높은 환급률과 절세 효과를 강조하면서 영업을 확대하고 있어 불완전판매 가능성이 고개를 들고 있다.

투자상품에 대한 설명 의무 원칙

금융회사가 불완전판매라는 불법성을 면하고 소비자 보호 의무도 착

실히 이행하기 위해서는 무엇보다도 투자상품에 대한 설명 의무 원칙을 제대로 준수해야만 한다. 즉 금융회사는 투자자에게 상품을 추천할 때 투자상품의 특성, 위험, 투자비용, 계약 조건 등 투자자가 알아야 할 중요 사항을 충분히 설명해야 한다. 그리고 내용을 왜곡하거나 과장 혹은 누락하지 말아야 하며, 투자자가 투자상품에 대해 오해할 소지가 없도록 상품의 내용을 명확히 전달해야 한다. 이를 보다 구체적으로 살펴보면 다음과 같다.

첫째, 적합성과 적정성의 원칙이다. 금융회사는 투자자의 투자목적, 재산 상황, 투자 경험 등을 확인하여 이에 부적합한 상품을 권유해서는 안 된다. 가령 안전하게 투자하고 싶은 사람에게 위험이 큰 주식이나 파생상품 투자를 권유하는 것은 불법이다.

둘째, 부당권유 금지의 원칙이다. 금융회사는 투자자에게 상품을 추천할 때 거짓 내용을 알려서는 안 된다. 또 불확실한 사항에 대해 단정적인 판단을 제공하거나 확실하다고 오해할 소지가 있는 내용을 알려서는 안 된다. 그리고 투자자가 투자 권유를 원하지 않는데 계속 권유해서도 안 된다.

셋째, 손실 보전과 이익 보장 금지의 원칙이다. 금융회사나 직원은 투자와 관련하여 투자자에게 만약 손실이 발생하면 자기가 책임을 지고 보전해 주겠다거나 일정한 이익을 보장한다는 약속을 하면 안 된다. 만약 금융회사나 직원이 손실을 보전해 주겠다며 투자를 권유하거나 회유하면 절대 믿지 말아야 한다.

불완전판매를 줄이기 위한 방책

불완전판매의 문제점은 무엇보다도 고객에게 투자손실을 가져온다는 점이다. 실제로 이로 인한 투자자와 금융기관 간에 법적 분쟁이 발생하고 있다. 이 경우 당사자 모두는 비용과 시간상의 손실을 보게 된다. 특히, 대규모의 투자자 손실이 발생하게 된다면 금융기관에 대한 신뢰 훼손과 금융시장 전반의 안정성을 위협할 수도 있다. 이는 불완전 판매로 투자손실이 발생하면 고객들은 금융기관이 자신의 이익을 최우선으로 하고 고객의 이해와 보호를 뒷전으로 두는 것으로 인식하면서, 상호 간의 불신이 증폭되기 때문이다.

이를 방지하기 위해 금융당국은 불완전판매에 대한 규제와 감독 활동을 강화해 오고 있다. 한 방편으로 금융감독원은 '금융분쟁조정위원회'를 설치해서 운영하고 있다. 이는 금융소비자가 금융기관을 상대로 제기하는 분쟁에 대해 합리적인 분쟁 해결 방안이나 조정의견을 제시하여 당사자 간의 합의를 유도함으로써 소송을 통하지 않고 분쟁을 원만하게 해결하는 기구이다. 다만 여기서 나온 결정이 법적 강제력을 가지지는 않는다. 이 기구를 통해 2013년 일단락된 KIKO 사태를 재조사하면서 분쟁조정 절차를 밟았다. 또 2019년 DLF 사태에 이어 2024년 홍콩H지수 ELS 사태와 관련해서도 분쟁조정 기준안을 마련해서 발표했다.

이와 같은 노력에도 불구하고 불완전판매 행위는 여전히 계속되고 있다. 그러면 앞으로 불완전판매 문제를 완화하기 위해 어떤 조치가 더 필요할까?

우선, 무엇보다 금융기관 스스로의 자정 노력이 중요하다. 이를 위해 금융회사는 자신에게 유리한 면책 조항들은 삭제할 필요성이 있다. 아울러 금융회사는 고객과 직접 대면하고 상품을 판매하는 직원 교육을 강화해야 한다. 이를 통해 금융상품 판매직원은 고객 투자성향과 투자목적을 정확히 알고 적합한 상품을 제안할 수 있어야 한다. 또 투자자에게 명확하게 상품 수익구조를 설명하고 투자 위험도 고지할 수 있어야 하며, 수익구조와 위험을 쉽게 이해할 수 있도록 요약 자료도 제공해야 한다.

둘째, 투자자들도 자기 책임의 원칙을 강화하여 투자에 더욱 신중해야 한다. 투자에 있어 '중위험· 중수익 금융상품은 없다'라는 사실을 인지해야 한다. 리스크가 서로 다른 상품들이 있을 뿐이다. 물론 리스크가 많은 상품과 리스크가 없는 상품을 혼합하면 중위험· 중수익 상품이 되지만, 이런 상품들은 상품구조가 복잡해 직관적으로 손익을 이해하기 어려운 경우가 많다. 또 ELS와 같이 구조화 파생상품에 투자할 경우 어떤 경우에 수익이 발생하고 손실이 발생하는지를 정확히 이해해야 한다.

끝으로 금융당국의 사고 방지 노력도 더욱 강화되어야 한다. 투자자 보호를 위한 법적 및 제도적 장치를 마련하고, 금융상품 판매사와 판매 인력에 대한 관리 감독을 더욱 강화해야 한다. 이를 통해 금융상품 불완전판매를 사전 예방해야 한다.

파생상품
불완전판매 사례

키코(KIKO) 사태

2008년 글로벌 금융위기 당시에 '키코(KIKO) 사태'라는 금융사고가 발생했다. 2006년에서 2007년까지는 조선을 위시한 수출산업이 호황을 누리던 시기였다. 그러나 급격한 환율 변동이 발목을 잡았다. 이에 일정 기간이 지난 이후 수출 대금을 달러로 받을 예정이던 중소 수출업체들은 하락하는 원/달러 환율을 헤징(hedging)하기 위해 KIKO라는 파생상품을 적극 활용하게 되었다. 그런데 나중에 그로 인해 수많은 기업들이 흑자 도산 하는 사태가 벌어지게 되었다.

'키코(KIKO)'란 환율이 특정 구간(barrier)에 도달하는 경우 옵션이 발효(KI, Knock-In)되거나 소멸(KO, Knock-Out)하는 조건이 부과된 비정형적인 통화 옵션 거래의 일종이다. 시장 환율이 옵션 기간 중 KI에서 KO 구간에 있으면 수출기업은 풋옵션 행사를 통해 환차익을 취하는 구조를 지니고 있다. 그러나 환율이 KI 상한 이상으로 상승하면 은행의 콜옵션(call option)이 발효되고, KO 하한 이하로 하락하면 수출기업의 풋옵션(put option)이 소멸하여 손실을 보게 된다.

사실 대부분의 투자자들은 이의 내용을 제대로 이해하지 못할 것이다. KIKO를 이해하려면 환율과 옵션, 포지션 등 파생상품에 대한 전문적인 지식을 갖춰야 한다는 뜻이다. 그렇지만 금융상품이다 보니 투자자, 특히 수출업체 입장에서는 이 상품이 나에게 도움이 될지 안 될지를 고민하게 된다. KIKO 가입 당시 원/달러 환율이 900~1,050원 사이에서는 투자자인 기업이 수익을 취하지만, 900원 이하 구간에 들어서거나 상단인 1,050원 이상에서는 커다란 손실을 보게 된다.

이 시기에는 누구도 환율이 급변하여 최악의 상황이 올 것으로 생각하지 않았다. 그렇지만 그것이 실제로 일어났다. 사실 은행으로서도 2008년 세계 금융위기가 그렇게 거대해질 줄은 예상하기 어려웠을 것이다. 그러나 리먼 브라더스 파산사태를 계기로 환율이 달러당 1,500원대를 돌파하였다. 이에 따라 KIKO에 가입한 기업들이 대거 쪽박을 찼으며, 수조 원 단위의 손해가 발생하였다. 특히 중소 수출기업의 피해가 컸다.

KIKO 사태는 이렇게 터졌다. 물론 이 사태의 가장 큰 책임자는 상품의 위험성도 제대로 모른 채 수수료를 챙기기 위해서 마구잡이로 판매했던 은행들일 것이다. 당시 이 상품을 판매했던 은행 직원 중에서 과연 상품의 구조에 대해서 잘 알고 있던 사람은 얼마나 되었을까? 아마 당시 은행들은 어떤 상품인지도 잘 모르면서 건당 판매 수수료가 높다는 이유만으로 판매에 열을 올렸을 것이다. 실제 은행권에서는 위험에 처할 확률이 적은 안전한 상품이라고 적극적으로 홍보했다.

물론 환율이 구간 내에서 움직여 안정적인 수익을 취할 것으로 기대한 기업의 탐욕도 사태를 키웠다. 그런 상품으로 환 헤지를 하려면 오히려 기업이 팔고 은행이 사야 할 판인데, 기업들은 돈놀이하는 식으로 접근해서 반대로 예기치 못한 환율 변동 리스크를 은행으로부터 사 온 셈이 됐다. 결국, KIKO 사태는 비대칭적 손익구조를 지닌 옵션의 위험성을 제대로 고지하지 않은 은행과 투기수준의 과다 헤징(over hedging)을 해버린 기업의 공동 작품이었다.

이후 손해를 본 기업들은 은행이 자신들에게 꺾기를 종용하고 상품 내용을 자세하게 몰랐단 이유로 불완전판매라며 소송을 걸었다. 그러나 2013년 9월 대법원이 일부 불완전판매를 인정했을 뿐, KIKO가 불공정 계약은 아니라는 판결을 내리며 은행의 손을 들어주면서 KIKO 사태는 일단락되었다.

파생 결합펀드(DLF) 사태

2019년 8월에는 DLF 사태가 터졌다. DLF(Derivative Linked Fund)는 주식과 주가지수 외 기초자산, 예를 들면 원유, 금, 금리, 신용 등의 가격변동에 연계된 파생 결합증권(DLS)에 투자하는 펀드를 말한다. 예상한 특정 범위에서 움직이면 가입 시 약정된 수익을 취하게 된다. 그러나 이를 벗어나면 손실이 발생할 수 있는 상품이다.

문제가 됐던 상품은 기초자산이 독일 국채 10년물 금리인 파생상품이었다. 상품의 구조는 기초자산인 독일 국채 10년물 금리가 -0.3%보다 높으면 연 4% 이상의 수익을 제공하고, -0.3%보다 낮아지면 손실이 발생하는 것이었다. 그런데 만기 시점에 기초자산인 독일 채권금리가 -0.618%까지 떨어지면서 원금 전액 손실이 발생하는 사태가 벌어지게 되었다.

당시 이 상품에 가입한 고객들은 가입 기간 6개월짜리 단기 상품이지만, 4%의 예금보다 높은 수익률을 거둘 수 있다는 상품 판매직원의 얘기에 현혹되었다고 한다. 그리고 "독일이 망하지 않는 한 국채금리가 마이너스로는 떨어지지 않는다."라는 창구직원의 달콤하면서도 유혹적인 권유도 있었다고 한다.

하지만 금리가 예상됐던 방향과 다르게 움직이면서 문제가 생겼다. 2018년까지만 해도 시장금리는 상승곡선을 그릴 것으로 예견됐지만, 금리는 거꾸로 하락하기 시작했다. 결국, 대규모 투자자 손실이 발생하게 되었다. 당시 우리은행과 하나은행에서 판매한 DLF 상품의 경우 평균 손실률이 50%를 넘어섰고, 최대 손실률은 -98.1%에 달하였다.

이후 사회적 파장이 커지면서 불완전판매로 인한 투자자 피해보상 문제가 제기되었다. 이에 2019년 12월, 금융감독원은 20~40%에 달하는 기본 배상 비율을 정하고 투자자별 특성에 따라 최종 40~80%의 배상 비율을 적용하였다. 예를 들어 고객이 치매환자인 경우 등 명백한 불완전 판매로 인정되는 건에 대해서는 최대 80% 보상이라는 조정 결정을 내렸다. 아울러 고위험 상품투자자 보호 강화를 위해 「금융소비자 보호에 관한 법률(금소법)」을 2020년 3월 제정하여 2021년 3월부터 시행하고 있다.

홍콩H지수 ELS 사태

또다시 2023년 하반기부터는 홍콩H지수 주가연계증권(ELS) 투자에 따른 대규모 손실문제가 불거졌다. ELS는 기초자산인 주가지수나 특정 종목의 주가 움직임에 따라 수익과 손실이 결정된다. 2~3개의 지수를 기초자산으로 해 3년 만기 중 6개월마다 조기상환 조건을 충족하면 약속한 수익률을 지급하는 것이 일반적이다. 저금리 시절, 예금보다 높은 금리를 주면서 상대적으로 안전한 중금리 상품으로 여겨져 국민 재테크로 시장에서 인기를 끌어왔다. 그러나 만기 시 기초자산 가격이 일정 기준을 밑돌면 통상 하락률만큼 원금손실이 발생하는 위험요소도 동시에 지닌 상품이었다.

홍콩H지수는 홍콩증시에 상장된 중국 기업 중 50개 종목을 추려서 산출한 것으로, 가입 후 3년 만기로 판매돼 2024년부터 본격적으로 수익이 확정된다. 그리고 만기 시점까지 50% 지수 하락만 없다면 연이율 10%의 수익이 가능하다. ELS의 만기는 통상 3년이다. 그러나 투자자들이 반드시 3년 동안 대기할 필요는 없다. 3년을 채우기 전에 원금과 약정 수익을 회수하는 조기상환이 가능하기 때문이다. 투자자로서는 조기상환으로 원금과 수익을 빨리 돌려받고 이를 재투자하면 수익률을 더 높일 수 있다. 그래서 대다수 투자자는 조기상환을 선호한다.

조기상환에 적용되는 규칙은 만기상환과 비슷하면서도 다르다. 일단 조기상환 시점의 홍콩H지수가 기준선 이상이면 원금과 수익을 받을 수 있다는 점에서 만기상환과 유사하다. 그러나 조기상환 시점의 기준선은 만기 시점의 기준선보다 높게 설정돼 있다. 투자자가 투자금 및 수익을 당초 약정된 만기보다 빨리 돌려받는 혜택을 누리는 대가로 기준선 상향이라는 불리한 조건을 받아들이는 것으로 이해할 수 있다. 만약 조기상환 시점에서 약정한 기준선 이하로 떨어진다면, 다음 상환 기회를 기다려야 한다.

그러나 문제는 홍콩H지수가 판매되기 시작한 2021년 1월 이후 계속 하락해 왔다는 점이다. 2021년 1월에 1만 1,300선이었던 홍콩H지수가 그해 7월에는 9,800선으로 떨어졌다. 고작 6개월 만에 주가지수가 13% 가량 하락한 것이다. 결국, 상당수 홍콩H지수 ELS 투자자들은 조기상환에 실패했다. 홍콩H지수가 기준선 이상으로 회복되기를 기다릴 수밖에 없었다.

그런데 홍콩H지수는 이후에도 고전을 면치 못했다. 2023년 말에는 5,700선으로 2021년 1월 대비 50% 이상 급락하였다. 결국, 일정 주기마다 돌아오는 홍콩H지수 ELS는 조기상환 시점의 기준선을 거의 넘지 못했다. 나아가 3년 만기가 돌아오는 2024년부터는 투자자들이 대규모 손실을 피하기 어려운 상황에 놓이게 되었다. 더욱이 손실 규모는 앞으로 눈덩이처럼 더 불어날 가능성이 크다.

금융당국과 금융권에 따르면 2024년 만기가 돌아오는 홍콩H지수 ELS 규모는 1분기 3조 9,000원, 2분기 6조 3,000억 원, 3분기 3조 1,000억 원, 4분기 2조 1,000억 원이다. 2025년 이후에는 3조 9,000억 원이 만기를 기다리고 있다. 그리고 만약 홍콩H지수가 당초 약정한 기준선 이상으로 회복하지 못할 경우, 남은 2024년 한 해 동안 예상되는 투자자들의 추가 손실은 모두 4조 6,000억 원에 달한다.

홍콩H지수 기초 ELS 만기 도래액(원)

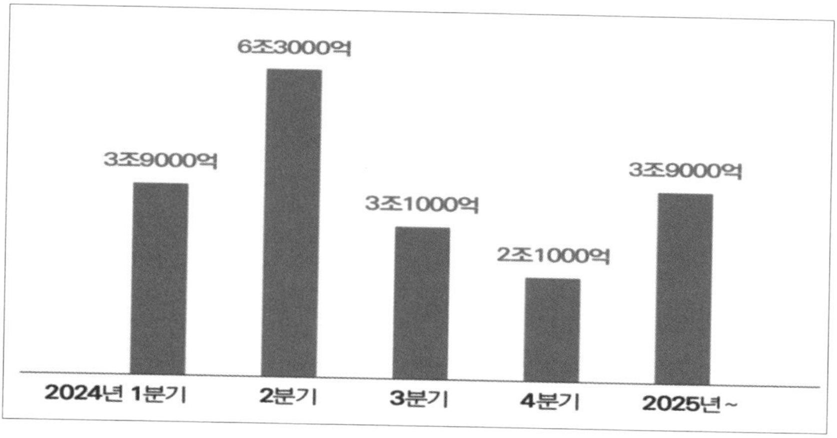

자료: 금융감독원

현재 손실 구간에 있는 홍콩H지수 ELS가 손실이 발생하지 않으려면 상품 및 가입 시기에 따라 다르겠지만, 홍콩H지수가 2021년 고점 대비 60% 선인 7,000~8,000대를 회복해야만 한다. 그러나 이는 홍콩H지수의 근간인 중국 기업들의 주가가 단기간에 큰 폭으로 상승을 해야만 하는데, 중국의 주식시장 분위기를 보면 쉽지 않을 것으로 예견된다. 이유는 중국 최대 부동산재벌 헝다(Evergrande) 파산과 비구이위안(Country

Garden)의 디폴트 등 연이은 부동산 파산사태, 글로벌 공급망 불안 이슈 등으로 중국 경제가 침체국면에 처해 있기 때문이다.

이러한 상황 속에서 불완전판매 이슈가 제기되고 있다. 홍콩H지수 ELS 상품을 판매한 은행과 증권사 직원들이 상품을 고객에게 안내하면서, "중국과 홍콩이 망하지 않는 한 수익이 보장되는 상품이다", "예금처럼 안전한 상품이다", "3년간 50%만 빠지지 않으면 수익이 보장된다"라고 설명했다는 민원이 제기되고 있기 때문이다. 이 경우에 판매사는 불완전판매에서 자유롭기 힘들다. 주가지수가 50% 이상 하락한 경우가 과거에도 있었기 때문이다.

더욱이 은행들이 자신들의 실적을 올리기 위해 불완전판매를 조직적으로 진행했을 가능성도 전혀 배제할 수 없다. 일례로 어떤 시중은행에서는 은행 직원들의 핵심성과지표(KPI) 총점 중 고위험 ELS나 주가연계신탁(ELT) 등을 판매했을 때 얻는 점수 비중이 높아, 직원들에게 ELS 판매 확대를 유도했다는 정황이 나오기도 했다.

홍콩H지수 ELS 사태에 대한 분쟁조정

결국, 금융감독원은 2024년 3월, 홍콩H지수 ELS 사태 관련 투자자와 판매사인 금융기관 간의 분쟁조정 기준안을 발표했다. 이에 따르면 판매사의 기본 20~40% 책임 배상과 함께 불완전판매 및 투자자 자기책임 원칙에 따라 최대 45%포인트(p)까지 가감하는 내용이 담겼다. 예를 들어

적합성의 원칙, 설명 의무, 부당권유 중 한 가지만 어겼으면 20~25%, 세 가지 모두 어겼으면 40%를 배상하는 식이다. 여기에 투자자 상황에 따라 ±45% 가감하도록 했다. 가령, 투자자가 고령이거나 계약서류가 부실할 때 더 높고, 투자 경험이 있다면 더 낮다.

물론 판매자나 투자자 일방의 책임만 인정될 수 있는 여지도 남겨놨다. 구체적 상황에 따라서는 한 푼도 배상을 받지 못하거나, 100% 배상받는 경우도 생길 수도 있다는 의미다. 가령 60회 이상 ELS 투자 경험과 1회 손실 경험이 있는 50대 중반 투자자의 경우 자기책임 원칙이 가중되어 배상 비율이 zero가 된다. 이에 따라 대다수 투자자는 20~60% 안에서 보상받을 수 있을 것으로 보인다.

그런데, 이는 2019년 DLF 사태의 최종 40~80%의 배상 비율보다는 상대적으로 낮은 수준이다. 이처럼 금융기관의 배상 비율을 낮춘 이유는 과거의 파생 결합펀드(DLF) 사태 때와 달리 ELS는 대중적인 상품일 뿐만 아니라 강화된 「금융소비자보호법」이 적용되고 있기 때문이다.

사실 과거 DLF 및 사모펀드는 비정형적이고 일반인이 이해하기 어려운 매우 복잡한 상품구조를 지니고 있었다. 반면 ELS는 장기간 판매된 상대적으로 대중화· 정형화된 상품으로, 다수의 개인투자자에게 공모의 형식으로 판매됐다. 이처럼 오랜 기간 대중을 상대로 판매된 상품인 만큼, 주의를 기울였다면 홍콩H지수 ELS의 구조와 위험성에 대해 투자자가 인지할 수 있었을 것이다. 은행이 제대로 설명하지 않았더라도 상품의 구조를 이해할 기회가 있었다는 의미다.

또 2021년 3월 이후 「금융소비자보호법」 시행으로 모든 금융상품에 대한 설명과 녹취가 의무화되고 있다. 이런 상황에서 확실한 불완전판매 가능성은 작은 편이다. 실제로도 판매사인 금융회사들은 「금융소비자보호법」에 의거한 최소한 형식적 절차는 대체로 이행하면서, 법을 명시적으로 어긴 불완전판매 사례는 일부에 그친 것으로 파악되었다.

대출 사기

대출사기란?

살다 보면 자금이 급하게 필요한 경우가 종종 발생하게 된다. 더욱이 급전이 필요한 상황에서 신용등급이 낮아서 은행에서 돈을 빌리지 못하는 상황에 놓인 사람들도 많다. 이러한 처지일 때 수수료만 지급하면 신용도와 상관없이 자금을 대출받을 수 있게 해준다는 말을 듣는다면 많은 경우 혹할 수밖에 없을 것이다.

그러나 대출은 본인의 신용도에 영향을 미칠 수 있으므로 대출 시에는 대출목적과 대출조건뿐만 아니라 상환능력까지도 신중히 고려해서 결정해야 한다. 이는 대출금의 연체는 본인의 신용등급 악화를 가져오고, 상환 불능을 통해 신용불량자로 전락시킬 수 있기 때문이다. 나아가 담보로 제공된 부동산의 경매처분 등의 불이익을 받을 수 있다. 심지어는 돈이 급하고 궁한 처지에 놓여 있다면 대출사기까지 당할 수도 있다.

대출사기란 대출을 빙자하여 돈을 갈취하는 사기를 말한다. 길을 가다가 보게 되는 '무담보 신용대출', '당일 대출 가능' 등이 적힌 입간판이나 전단지, 휴대폰을 통한 대출 안내 문자메시지 또는 전화 등은 대출사기의 전형적인 방법들이다. 그런데 이런 범죄는 보통 대학생이나 사회초년생, 신용도가 낮은 사람들을 대상으로 벌어지는 일들이 많다. 또 취업을 빌미로 대출 신청이 필요하다고 접근하기도 한다. 이처럼 대출사기는 주로 경제력이 취약한 서민들을 대상으로 이뤄진다는 점에서 문제가 더 심각하다.

작업대출

대출사기가 이뤄지는 유형은 크게 3가지로 분류된다.

첫째 유형은 작업대출이다. 이는 금융기관을 사칭해서 자금을 대출해준다고 속이는 행위를 말한다. 사기범들은 인터넷 광고나 휴대폰 문자 등을 통해 신용등급이 낮고 무직자라고 해도 돈을 빌릴 수 있다고 사람을 유인한다. 이후 대출을 알선해 주겠다며 돈을 요구하고, 돈을 받으면 연락을 끊고 잠적해버리는 것이다. 이 경우 피해자는 대출을 받지 못하고 돈만 빼앗기게 된다. 설사 실제로 자금을 대출받았다고 하더라도 이들이 지급하는 이자는 일반 금융회사의 이자보다 월등하게 높은 것이 보통이다.

작업대출 사기 수법의 전형은 수수료 등을 수취한 후에 잠적해 버리는 형태로 나타난다. 보다 구체적으로는 신용등급이 낮아 대출이 어려우므로 공탁금·보증금·예치금·보증보험료 등이 필요하다, 신용정보 조회 기록이 많아 대출이 어렵다며 조회기록 삭제 또는 신용등급 상향조정 명목으로 전산 작업비용이 필요하다, 일정 기간의 이자를 선납하거나 기존 대출금을 상환해야 신규대출이 가능하다며 금전을 요구하는 유형이다.

또 거래실적 또는 신용 확인이 필요하다는 명목으로 초고금리 급전 대출을 수차례 이용하게 한 후 고리의 이자만 가로챈 후 정작 요구한 대출은 해주지 않는 수법도 쓰고 있다. 그리고, 사기범이 대출신청자의 서류를 위조 또는 변조하여 금융회사로부터 대출을 받게 해주고, 대출금 일부를 수수료 명분으로 가로채는 경우도 있다. 사기범이 위조하는 서류는 재직증명서, 급여명세서, 보험증서, 급여통장 등인데 자칫 대출신청자도 문서 위변조의 형사처벌을 받을 수 있게 된다. 이 과정에서도 사기범들은 신용등급 상향을 위해 보증보험 가입 등이 필요하다며 수수료를 선취한다.

통 대환대출

두 번째 유형은 통 대환대출이다. 이는 여러 금융사에서 빌린 대출을 한 곳으로 통합하는 대출 방식을 말한다. 브로커들은 여러 금융사에서 빌린 다중채무자의 대출을 일시적으로 대신 갚아준다. 약 6개월 뒤 다중채무자의 신용점수가 오르면 또 다른 금융사에서 저금리로 대출을 받을 수 있도록 해준다. 브로커들은 이 과정에서 고액의 수수료를 챙길 뿐만 아니라 채무자가 개인 파산하도록 유인하기도 한다.

통 대환대출 자체는 복잡한 채무 관계를 정리한다는 측면에서 합법적이며, 장점도 있다. 기존 대출의 원금과 이자를 한꺼번에 상환하고 새로운 대출상품을 통해 상환 기간과 금리를 조정하게 된다. 이를 통해 금리를 낮추고 상환기간을 연장하며 미래 재무계획의 설계에도 도움이 된다. 그러나 문제는 이를 악용한 브로커들의 사기다.

일부 통 대환대출 브로커들은 '컨설팅' '채무 재조정' '서민대출 상담' 등 그럴듯한 이름으로 포장한 블로그를 통해 채무자들을 유인한 후 돈을 챙겨 잠적해 버린다. 혹은 채무자들에게 추가 대출을 받은 후 파산을 통해 대출금을 탕감받도록 알선해 주고, 대출금 일부를 나눠 갖는 편법 행위도 일으킨다. 이 브로커들은 미등록 대부업자들이 대부분이다.

일반적으로 다중채무자들은 여러 금융사에서 대출을 받기에 신용점수가 낮다. 그러다 보니 제2금융권에서 고금리로 빌리는 경우가 대부분인데, 사기범들은 이를 악용한다. 이들은 피해자가 지닌 기존의 다양한 고금리 채무를 한꺼번에 갚은 후 신용점수를 올려 제1금융권에서 저금리로 돈을 다시 대출받도록 지원한다. 그런데 사기범들은 이 과정에서 수수료로 전체 대출금액의 10~15%를 요구한다.

결국, 피해자는 이 수수료까지 고려해 제1금융권에서 대출을 추가로 받아야 하는 셈이다. 물론 피해자는 제1금융권에서 저금리로 대출이 이뤄지다 보니 전체 이자를 아끼는 측면이 없지 않다. 그러나 수수료로 지급한 10~15%를 제하면 정작 전체 비용은 크게 달라지진 않는다.

이외에 채무자를 설득해 개인파산을 신청하도록 한 뒤 제1금융권에서 받은 대출금을 나눠 갖자고 제안하는 경우도 있다. 이런 유혹에 넘어간 다중채무자는 거액의 빚만 남긴 채 신용불량자로 전락하게 될 뿐이다. 이는 사기범 자신의 잇속만 챙기는 악덕 행위일 뿐만 아니라 빚더미에 몰린 채무자들을 도덕적 해이(moral hazard)로 내모는 파렴치한 행위이기도 하다.

피싱 사건에의 연루

세 번째 유형으로는 대출을 빌미로 피싱 사건에 연루시키는 사기 수법이다. 이는 사기범들이 대출 상담 과정에서 수집한 대출신청자의 주민등록번호, 비밀번호 등의 개인정보를 도용하는 수법이다. 이 경우 또 다른 불법행위를 일으킬 수 있고 자칫 책임을 대출신청자가 지게 될 수 있다.

일반적으로 신용점수가 낮은 사람들이나 직업이 없는 경우에는 은행권에서 대출받기가 쉽지 않다. 따라서 사기범들은 이들에게 접근하여 사기를 친다. 사기범들은 피해자의 통장계좌에 돈을 입금하고 출금하는 방식으로 신용도를 올려주고 은행에서 대출을 받을 수 있도록 도와주겠다면서 신용카드와 비밀번호를 요구한다.

대출사기 피해자들은 이렇게 사건에 연루되면 피싱 사기 가담자가 될 수도 있다. 피해자의 통장과 카드를 다른 피해자로부터 받은 돈을 입출금하는 대포통장처럼 사용하거나 돈을 빼돌리는 수단으로 사용하기 때문이다. 거래내역이 있어야 대출 승인이 나온다면서 본인들이 일정한 돈을 입금해 줄 터이니, 이를 받은 뒤 다른 계좌로 송금 또는 전달해달라는 식으로 범죄에 가담하게 만드는 수법도 있다.

타인에게 금융정보를 양도하거나 혹은 알려주는 경우 「전자금융거래법」 위반으로 처벌을 받게 된다. 그리고 사기에 가담했다는 혐의로도 처벌을 받을 수 있다. 따라서 아무리 자금대출이 긴요하다고 해도 신용카드와 통장, 공인인증서, OTP(One-Time Password) 등의 대여는 절대 해서는 안 된다.

불법 대출 사기 피해 예방법

이러한 불법 대출사기를 당하지 않기 위해서는 다음과 같은 사항에 주의해야 한다. 첫째, 신뢰할 수 있는 대출 제공기관을 선택해야 한다. 사기를 방지하려면 공식적으로 등록된 은행이나 금융기관을 통해 대출을 신청하는 것이 안전하다. 조건 없이 무조건 대출을 해주겠다는 문자메시지 혹은 먼저 유도하는 전화가 온다면 모두 사기로 보아야 한다. 이유 없이 낮은 금리 그리고 많은 한도의 자금을 쉬운 조건으로 빌려준다는 것은 금융 원리상 불가능한 것이기 때문이다.

둘째, 대출 신청 시 개인정보를 최대한 보호해야 한다. 절대로 주민등록번호, 은행 계좌정보, 비밀번호 등을 이메일이나 문자메시지를 통해 제공해서는 안 된다. 은행 등 금융기관은 개인정보 관리가 엄격해서 비밀번호 등은 직접 물어보지 않고 비밀번호 입력기를 통해 일을 진행한다.

셋째, 대출 제공기관은 합법적인 절차에 따라 특정 사항을 요구한다.

이런 요구 사항을 주의 깊게 검토하고 너무 높거나 불필요한 수수료를 지급하지 않도록 꼼꼼히 따져야 한다. 대출사기 중에는 수수료를 부당 취득하는 방법으로 이득을 챙기는 경우가 많다. 만약 대출중개인 등 거래상대방이 수수료를 10% 이상 요구하면 사기를 의심해야 한다.

또 은행 등 제도권 금융기관에서는 대출 거래를 할 때 절대로 선납을 요구하지 않는다는 점도 명심해야 한다. 그런데 사기범들은 예치금 등을 이유로 선입금하도록 유인한다. 또, 본래 채무가 어느 정도 상환이 되어야만 자격에 해당한다며 일부 금액을 송금하라고도 한다. 그들은 이러한 속임수를 써서 피해자로부터 돈을 입금받은 후 곧장 현금을 찾아서 잠적해버린다.

보험사기

보험사기의 특성

보험은 비슷한 위험에 처한 사람들이 자신의 위험을 제3자, 즉 보험회사에 전가하는 사회적 장치나 제도이다. 즉 위험에 처한 당사자가 장래 발생할 수 있는 손실위험을 일정한 대가인 보험료(premium)를 지급하고, 보험회사에 전가하는 계약이다. 보험회사는 사고가 발생하면 계약자에게 보험금(insurance benefit)을 지급한다.

보험사기란 보험사고의 발생, 원인 또는 내용에 관해 보험자를 속여 보험금을 추구하는 행위를 말한다. 보험계약자, 피보험자, 보험금을 취득할 자, 그 밖에 보험계약에 관하여 이해관계가 있는 자는 보험사기 행위를 해서는 안 된다. 아울러 보험회사의 임직원, 보험설계사, 보험대리점, 보험중개사, 손해사정사, 그 밖에 보험 관계 업무에 종사하는 자 또한 보험금을 받도록 행위 또는 시기 또는 내용 등을 조작하거나 피해의 정도를 과장해 보험금을 받게 하는 행위를 해서는 안 된다.

이런 관점에서 보험사기는 일반 금융사기와 커다란 차이가 있다. 즉 일반 금융사기가 금융기관이나 작전세력이 일반 투자자를 대상으로 사기행각이 벌어지는 데 반해, 보험사기는 일반소비자가 금융기관인 보험사를 대상으로 사기행각을 벌인다는 차이가 있다.

보험사기의 유형

보험사기의 유형 역시 다른 금융사기처럼 매우 다양하다. 가장 고전적인 수법은 계약체결 시 허위고지, 대리진단 등을 통해 중요한 사실을 은폐하고 사기적으로 보험계약을 체결하는 경우이다. 이외에도 고의로 사고를 유발하거나 보험사고가 아닌 것을 보험사고로 조작하는 행위, 보험사고로 인한 보험금을 많이 받기 위해 사기적으로 보험금을 과다 청구하는 행위, 자동차 사고 시 보험에 가입되지 않은 운전자나 차량을 바꿔서 보험금을 청구하는 행위 등이 있다.

일반인들은 통상 보험사기를 고액의 사망보험금을 노린 살인이나 방화, 사고보험금을 노리는 고의 교통사고 등 중대한 범죄행위를 고의로 저지르는 경우만 생각하는 경향이 있다. 그러나 실제로는 자신도 모르게 실생활에서 보험사기에 연루되는 사례가 많다. 예를 들면 실손보험에서 비급여 진료항목을 부풀리거나, 허위수술 진단서를 발급받거나, 차 사고의 피해 규모를 부풀리는 등의 행위는 명백한 불법이다.

보험사기 유형

① 고의적인 보험사기 유발 행위(살인, 자해, 고의충돌, 자기재산 손괴 등)

② 보험사고의 허위 또는 날조 행위(허위진단서 발급 등)

③ 병원이나 자동차정비소의 허위· 과잉진료와 수리, 부당 보험금 청구 행위

④ 발생 보험사고의 피해 과장 행위(과다청구)

⑤ 기타 부당하게 보험계약에 따른 급여 등의 이익을 얻고자 하는 행위

⑥ 기왕증, 직업 등의 중요한 사항을 고의로 숨기고 보험계약을 체결하는 행위

⑦ 병원 등에 환자를 소개· 알선하여 대가(수수료)를 취하는 행위

⑧ 운전자 바꿔치기 또는 사고 차량 바꿔치기 행위

실제로 보험사기는 지속적인 증가세를 나타내고 있다. 금융감독원이 발표한 '2023년 보험사기 적발 현황'에 따르면 보험사기 적발금액은 1조 1,164억 원으로 집계됐다. 이는 전년 대비 346억 원(3.2%) 증가한 규모로 또다시 역대 최대치를 갈아치웠다. 지난 2022년 사상 처음으로 1조 원을 돌파한 바 있다. 그리고 보험사기 적발 인원은 10만 9,522명으로, 2022년에 비해 6,843명(6.7%) 늘었다.

보험 종목별로는 자동차보험 적발금액이 5,476억 원(49.1%)으로 절반가량을 차지했다. 이어 장기보험 4,840억 원(43.4%), 보장성보험 438억 원(3.9%), 일반보험 409억 원(3.7%) 등 순이었다. 자동차보험은 운전자· 피해물 등 조작(401억 원), 고의 충돌(205억 원) 증가 등으로 전년 대비 771억 원

(16.4%) 증가했다. 장기보험은 허위 입원· 수술· 진단이 줄며 379억 원 감소하는 등 전년 대비 338억 원(6.5%) 줄었다. 사기 유형별로는 사고내용 조작에 따른 사기 적발액이 6,616억 원으로 59.3%를 차지했다. 그 뒤로 허위사고 2,124억 원(19.0%), 고의사고 1,600억 원(14.3%) 등 순이었다.

보험사기의 폐해와 처벌

보험사기의 폐해는 실로 막중하다. 우선 무엇보다도 보험금 누수로 인한 보험사의 재무 건전성을 악화시키고, 국민건강보험공단 등 공영보험의 재정에도 악영향을 미친다. 또 보험료 인상을 유발해 다수의 선량한 보험계약자들에게 피해를 초래할 수 있을 뿐만 아니라, 합리적인 위험의 분산을 통해 사회안전망으로서 기능해야 하는 보험제도의 존립 기반을 무력화시킬 수도 있다. 아울러 보험금을 노린 살인이나 방화 등 강력범죄를 유발하고 인명 경시 풍조를 조장할 위험도 있다. 선량한 일반인들이 허위 입원이나 자동차 고의사고 등의 보험사기에 가담되어 범죄자로 전락하는 상황마저도 우려된다.

이러한 폐해를 고려하여 보험사기에 대해서는 「보험사기방지 특별법」에 의거 「형법」상의 일반 사기죄보다 더 높은 형량이 부과되도록 규정되어 있다. 즉 보험 사기죄는 10년 이하의 징역 또는 5천만 원 이하의 벌금을 처벌받게 된다. 또 사기 이득액이 5억 원 이상일 때에는 「특경법」과 같은 형량의 가중처벌을 받게 된다. 아울러 상습으로 보험 사기죄를 저지른 경우에는 그 죄에 정한 형의 2분의 1까지 가중하고 있다. 나아가 보험 사기죄 미수범도 처벌을 받는다. 미수범이란 보험금 청구를 했으나 보험사의 보험조사로 인해 보험금 지급이 거절되는 경우를 뜻한다.

그러나 실제로는 보험 사기죄에 대한 처벌이 일반 사기죄보다 오히려 더 가벼운 것으로 나타났다. 최근 3년간 범죄분석 통계에 따르면 보험 사기죄가 기소되는 경우 정식 재판 없이 벌금형으로 종결되는 비중은 50%가 넘어, 일반 사기죄의 30% 수준보다 높았다. 또 벌금형의 집행유예 선고 비중은 일반 사기죄가 10% 미만 수준인 것에 비해 보험 사기죄는 30~40%대로 높은 수준을 보였다.

보험계약 체결 시 가입자 유념 사항

한편, 보험도 다른 위험관리 수단과 마찬가지로 완벽하게 위험을 제어하는 재무관리 수단이 될 수 없으며 한계를 지니고 있다. 아울러 보험에 가입하고 나서는 가입자 본인이 져야 할 법적 책임도 발생하게 된다. 따라서 보험의 효과를 최대화하기 위해서는 보험계약 체결 시 가입자가 반드시 유념해야 할 사항들이 있다.

첫째, 구입한 보험의 적절성에 대해서 보험중개인이나 외부자문원은 책임을 지지 않는다. 따라서 보험구입의 최종적 책임은 보험계약자에게 있다는 점을 명확히 해야 한다. 둘째, 보험계약자는 적절한 수준의 보험을 구입하는 면밀한 계획을 수립해야 한다. 필요보다 적은 금액을 보험대상으로 함으로써 불필요한 위험을 부담하거나, 필요 이상의 보험에 가입함으로써 낭비를 초래하는 경우를 방지하는 적절한 통제장치를 수립해야 한다.

셋째, 보험은 다양한 경로를 통하여 구입할 수 있다. 보험계약자는 다양한 판매자나 대리인들이 제시하는 보험조건을 가격, 보험금, 서비스의 수준 등으로 구분하여 비교해본 이후 가장 좋은 선택을 해야 한다. 넷째, 보험에 가입하는 것만으로 항상 충분한 것은 아니다. 효과적 위험관리가 되려면 손실을 예방하고 위험을 줄이기 위한 적극적인 조치가 병행되어야 한다.

다섯째, 보험계약을 체결한 후, 보험계약자는 손실에 관한 적절한 기록을 유지해야 한다. 자산에 관한 기록의 유지가 제대로 되어있지 않으면 실제로 손실이 발생했는지를 증명하기 어려운 경우가 발생한다. 여섯째, 세금에 대한 고려가 필요하다. 보험비용은 일반적으로 세금공제 혜택이 주어진다. 보험비용 효율성의 평가에는 이러한 세금혜택에 대한 고려가 포함되어야 한다.

대형 보험사기 사례

끝으로 우리 사회에 크게 물의를 일으켰던 대형 보험사기 사건 2개를 소개한다.

첫째, 박분례 사건이다. 이는 1973년에서 1975년에 걸쳐 보험금을 노리고 자신의 언니, 형부, 조카, 시동생, 친구까지 모두 5명을 연쇄적으로 살인한 사건이다. 그리고 대한민국 정부 수립 이후 일어난 최초의 보험사기 살인사건으로, 당시 사회에 큰 충격을 주었다.

박분례는 1973년 언니, 시동생 몰래 그들의 이름으로 자신을 수익자로 하는 생명보험에 가입해 두었다. 1975년 1월 언니 집을 찾은 박분례는 언니 내외를 죽여 보험금을 타내기로 마음먹고, 함께 잠을 자다 새벽 1시경 언니의 집에 불을 질러 언니와 형부, 그리고 13살 난 조카딸까지 살해했다. 이후 300m가량 떨어진 사촌오빠의 집을 찾아가 아무 일 없었던 것처럼 잠을 자서 알리바이를 만들었다. 박분례의 형부는 평소 중풍을 앓고 있었기 때문에 경찰은 형부가 실수로 석유난로를 넘어뜨려 불이 나 일가족이 사망한 것으로 사건을 종결지었다. 이후 박분례는 아무 일 없었다는 듯이 언니 일가족 명의로 가입된 보험금을 가로챘다.

재미를 붙인 박분례는 시동생마저 죽여 시동생 앞으로 들어놓은 보험금을 타내기로 마음먹고, 시동생을 다방으로 불러내 우유에 극약을 몰래 넣어 먹여 살해했다. 이때도 시동생의 가족들은 평소 심장이 좋지 않던 시동생이 심장마비를 일으켜 급사한 것으로 생각하여 심장마비사로 처리되었고 아무 일 없이 넘어갔다.

박분례의 이같이 대담한 범행은 1차 범행 당시 군에 입대해 있어서 화를 면한 박분례 언니의 아들이 제대한 뒤 이모인 박분례가 자신의 부모 앞으로 들어놓은 보험금을 타 간 사실을 알게 되자, 검찰청에 부모의 사인을 재조사해 달라며 진정을 넣음에 따라 2년 4개월여 만인 1977년에 들통나게 됐다.

두 번째는 2019년에 일어났던 가평계곡 살인사건이다. 이는 2019년 6월, 경기도 가평군의 한 계곡에서 이은해와 그의 내연남이자 공범 조현수가 함께 놀러 온 이은해의 남편 윤 모 씨를 물놀이 도중 죽게 만든 사건이다. 사건 발생 초기에는 단순히 물놀이 과정에서 사망한 사건으로 보도되었고, 사건을 조사하던 가평경찰서는 10월경 변사 사건으로 내사 종결했다. 그러나 2019년 10월경 윤 모 씨의 누나가 일산서부경찰서에 사건을 제보하면서 재수사가 착수되었다.

한편, 가평경찰서에서 변사 사건으로 내사 종결하고 나서 한 달 후, 이은해는 보험사에 남편의 사망에 대한 보험금을 청구했다. 보험금 청구 시 6개월 이내 지급이 원칙이지만, 보험사에서는 보험사기를 의심해 보험금 지급을 거부했다. 보험사가 보험금 지급을 거부하자 이은해는 2020년 3월경, 이를 방송국에 제보했다. 그러나 방송국은 오히려 이은해의 언행에서 의문점을 느끼고 사실관계를 취재하기 시작하였고, 재수사를 해오던 경찰과 공조하면서 사건의 진상이 만천하에 밝혀졌다. 결국, 이 사건은 치정에 얽힌 보험사기 사건으로 드러났다.

어음 사기

어음의 기능과 역할

어음이란 발행하는 사람이 일정한 금전의 지급을 약속하며 발행하는 일종의 지급보증서로, 쉽게 말해 외상 증서라 보면 된다. 이의 종류에는 상업어음과 융통어음이 있다. 거래되는 상품을 기초로 하여 발행되는 어음을 상업어음 또는 진성어음이라 하며, 상품거래 없이 발행되는 어음을 금융어음 또는 융통어음이라고 한다.

융통어음은 단순히 운전자금을 확보하기 위해 발행되는 어음으로, 진성어음에 비해 신용도가 낮고 부도가 날 확률이 높은 편이다. 그래서 요즘은 신용도가 비교적 높은 기업들이 발행해서 활용하고 있다. 기업어음(CP, Commercial Paper)이 대표적인 사례로, 이는 기업이 단기자금을 조달하기 위해 자체 신용을 바탕으로 발행하는 만기 1년 이내인 융통어음이다.

발행어음도 융통어음의 하나인데, 이는 단기금융업 인가를 받은 증권사가 투자자금을 조달하기 위해 약정수익률을 지급하는 만기 1년 이내의 단기 금융상품이다. 자기자본이 4조 원 이상인 초대형 투자은행(IB)으로 선정된 증권사들이 자체 신용을 바탕으로 자기자본 200% 내에서만 발행할 수 있다. 이 때문에 예금자 보호 적용대상은 아니지만, 발행사가 파산하지 않는 한 손실 가능성이 없어 저 위험 투자상품으로 꼽힌다. 현재 단기금융업을 인가받은 증권사들은 미래에셋증권, 한국투자증권, KB증권, NH투자증권 등 4곳이다.

상업어음에는 상품을 구입한 사람이 판매자를 수취인으로 하여 발행하는 약속어음과 판매자가 매수자를 지급인으로 하고 자신을 수취인으로 하여 발행하는 환어음의 두 가지가 있다. 이중 약속어음은 현실경제계에서 가장 널리 활용되고 있다. 그리고 원청업체인 대기업이 하청업체인 중소기업에게 납품 대금으로 발행하는 게 일반적인 예이다. 그런데 이 경우 중소기업은 어음 만기일까지 자금이 묶이게 되어 자금난을 겪거나 금리손실도 보게 된다. 이에 지나친 대기업의 횡포를 방지하기 위해 중소기업에 대한 어음 만기는 3개월로 제한되고 있다.

약속어음은 금융기관의 발전에 따라 기능과 역할이 점차 축소되어 오고 있다. 여기에 중소기업에 대한 자금난 가중 우려, 부도율 증가 등의 부작용으로 인해 제도 자체를 폐지하자는 주장이 커져 왔다. 그러나 순기능도 여전히 무시할 수 없었다. 즉 어음 발행이 중단되어 대기업의 유동성이 제한된다면 결과적으로 하청업체도 그 부담을 고스란히 안게 될 가능성이 크기 때문이다. 그러기에 폐지 대신 제도 개선을 위한 방안들이 강구되고 있다. 이의 한 방편으로 기존의 종이 어음은 점차 전자어음의 형태로 전환되는 추세이다.

전자어음이란 어음 실물 없이 인터넷뱅킹(Internet Banking)을 통해서 발행, 수취, 배서, 지급, 부도 후 반환까지 이루어지는 어음이다. 금융결제원에서 전자어음의 모든 정보를 관리하며, 어음을 분실할 위험이 없다는 장점이 있다. 2014년 6월에는 자산총액 10억 원 이상 법인사업자가 어음을 발행하는 경우 전자어음을 이용하도록 법이 개정되어 위반 시 500만 원 이하의 과태료가 부과된다. 이에 전자어음 활용도가 빠른 추세로 증가해 최근에는 발행 규모가 520조 원에 이를 정도로 커졌다.

어음 사기의 유형

한편, 어음 사기는 어음을 매개로 발생하는 사기 사건이다. 통상적인 사례는 부도를 통해 일어난다. 어음의 부도란 어음의 소지인이 지급기일에 자금을 받기 위해 지급제시를 하였으나, 지급자금의 부족, 은행거래 중단, 인감누락이나 서명· 기명 누락 등 형식요건의 불완전 충족으로 지급을 거절당하는 것을 말한다.

어음이 부도나면 어음 소지인은 약속어음의 발행인과 환어음의 인수인은 물론 배서인이나 보증인을 상대로 순서와 관계없이 그중 누구에 대해서도 청구할 수 있고, 또 모두에 대하여 동시에 전액을 청구할 수도 있다. 만약 돈을 받게 되면 그 사람에게 어음을 돌려준다. 부도가 났더라도 지급인이 사후에 돈을 낸다면 큰 어려움 없이 마무리되겠지만, 그렇지 않다면 민사소송 외에는 방법이 없다. 그리고 소송에서 이기더라도 돈을 받을 수 있는 게 아니다.

이외에 어음을 발행하는 과정과 어음을 할인하는 과정에서도 부당한 이득 취득 목적으로 어음 사기 행위가 벌어지고 있다. 어음할인이란 은행이 어음 소지자의 의뢰로 액면 금액에서 만기일까지의 이자를 공제하고 매입함으로써 어음의 유통을 도모하는 것이며, 이를 통해 신용을 제공하는 방법이기도 하다. 그러나 신용도가 낮아 은행을 통한 할인이 어려우면 사채업자에게 의뢰하기도 하는데, 이 경우 할인율은 크게 높아지게 된다. 이 과정에서 불법 사채업자의 농단과 사기, 그리고 어음부도 등 여러 부작용이 발생하게 된다. 다만 최근에는 금융결제원에서 등록· 관리하는 다양한 전자어음 할인 플랫폼을 활용할 수 있게 되어 부작용이 줄어들고 있다.

'이철희-장영자' 어음 사기 사건

어음 사기 사건의 대표적 사례는 '이철희-장영자' 어음 사기 사건이다. 이 사건은 1982년 5월 4일, 사채시장의 큰손으로 불리던 장영자와 남편 이철희가 어음 사기 혐의로 검찰에 구속되면서 일어난 대규모 어음 사기 사건이다. 대한민국 역사상 가장 큰 규모의 금융사기 사건으로, 당시 단군 이래 최대의 사기 사건으로 회자되었다. 명성그룹 사건, 영동개발진흥 사건과 함께 5공화국 3대 금융부정 사건 중 하나다.

장영자는 원래 사채시장 거물로 사건이 터지기 전부터 엄청난 재력가였으며 젊은 시절부터 미모와 남다른 지략으로 다른 사람을 조종하는 데 매우 능한 인물로도 명성이 있었다. 그리고 인맥이 탄탄하다는 것은 알려진 사실이다. 남편은 중앙정보부 차장 출신인 이철희며, 형부 이규광은 영부인의 숙부다.

장영자는 주로 자금압박에 시달리던 건설업체들을 찾아가 남편 이철희의 과거 경력을 들먹이며 "특수자금이니 절대 비밀로 하라."며 현금을 빌려주고, 그 대가로 업체들로부터 수배에 달하는 약속어음을 받아냈다. 공영토건에서는 빌려준 현금의 9배에 달하는 1,279억 원을 약속어음으로 받아냈다. 장영자 부부는 이렇게 받은 어음을 할인해서 생긴 돈을 다른 회사에 빌려주면서 똑같은 방식을 취했다. 반복해서 받은 어음의 총액은 7,111억 원이고 이 중 6,404억 원을 할인해서 사용하였다. 처음 종잣돈을 제외한다면 마치 폰지 사기나 다단계처럼 그야말로 무에서 유를 만들어 내었다.

이 사건으로 포항제철에 이은 업계 2위 일신제강, 도급 순위 8위였던 공영토건 등이 모두 부도가 났다. 이동찬 코오롱그룹 회장은 장영자에게 코오롱그룹 계열사 중 하나인 코오롱 건설을 팔려고 했지만, 매각 직전 장영자가 검찰에 연행되면서 화를 면했다. 이후 재판 과정에서 이철희, 장영자 부부에게는 징역 15년형과 미화 40만 달러, 엔화 800만엔 몰수형, 추징금 1억 6,254만 원이 선고되었다. 장영자는 1991년 가석방 이후에도 수차례의 어음 사기를 저질러 구금 생활을 이어갔다.

한편, 이 사건을 계기로 시중의 음성자금을 양성화해야 한다는 점이 강조되면서 금융실명제 시행이 논의되기 시작했다. 이후 실제 시행은 1993년 8월 12일 오후 8시 정각 전격적으로 단행됐다.

전기통신금융사기

정보통신기술 발전에 따른 개인정보 유출 확대

금융사기의 주요 대상이 지금까지는 적은 돈으로 많은 돈을 벌 수 있는 특별한 방법을 찾는 일부의 사람들인 경우가 많았다. 그러나 최근에는 불특정 다수의 사람들을 상대로 금융사기를 시도하는 경우가 늘어나, 일반 대중들이 피해를 보는 일이 많아지고 있다. 정보통신기술과 핀테크(FinTech)가 발전하면서 금융거래의 편리성이 증대되고 있지만, 개인정보 유출과 금융사기 등의 폐해도 커지고 있기 때문이다.

그 대표적인 예가 전기통신금융사기(telecommunications fraud)이다. 이를 「전기통신금융사기 피해 방지 및 피해금 환급에 관한 특별법(통신사기피해환급법)」에서는 전기통신을 이용하여 타인을 기망(欺罔)· 공갈(恐喝)함으로써 재산상의 이익을 취하거나 제3자에게 재산상의 이익을 취하게 하는 행위로 정의하고 있다. 다만, 재화의 공급 또는 용역의 제공 등을 가장한 행위는 제외하되, 대출의 제공· 알선· 중개를 가장한 행위는 포함한다. 쉽게 말해서 타인을 속여서 획득한 개인정보 및 금융거래 정보를 이용하여 재산상의 이익을 취득하는 범죄행위다. 전자금융범죄 또는 전자금융사기라고도 한다.

우리 사회에서는 이러한 사기 행위가 주로 전화나 PC 등 통신매체를 이용해서 이뤄짐에 따라 통상 '피싱(phishing)'으로 부르고 있다. 그런데 사기 수법과 종류가 날이 갈수록 교묘하게 진화하면서 극성을 부리고 있다. 즉 기존에는 전화를 이용한 보이스 피싱 정도였다. 그러나 오늘날에는 전화 대신 메신저를 이용하는 메신저 피싱, 악성코드를 유포하여 실제와 유사한 금융회사의 인터넷뱅킹(Internet Banking) 사이트(site)로 유인하는 파밍과 큐싱 등으로 다양화되고 있다.

이와 함께 금융거래의 보안성 취약에 대한 염려도 커지고 있다. 특히 2014년 발생한 신용카드사 개인정보 유출 사고는 개인정보 보호의 중요성을 인식시키는 계기가 되었다. 물론 개인정보 보호는 금융부문에만 국한된 이슈는 아니다. 그러나 개인정보 유출로 인한 금융사기의 피해가 계속 증가하고 있고 그 방법들도 점차 고도화되고 있다. 이에 따라 우리 사회 전반에 걸쳐 개인정보 보호의 필요성이 점차 커지고 있다.

보이스 피싱과 메신저 피싱

'피싱(phishing)'이란 개인정보(private data)와 낚시(fishing)의 합성어로, 전자금융 거래를 통해 이뤄지는 신종 금융사기 수법을 말한다. 이는 일반적으로 ①금융기관을 가장한 이메일 발송→ ②이메일에서 안내하는 인터넷 주소 클릭→ ③가짜 은행사이트로 접속 유도→ ④보안카드 번호 전부 입력 요구→ ⑤금융정보 탈취→ ⑥범행계좌로 이체의 진행 과정을 밟게 된다.

'보이스 피싱(voice phishing)'은 '음성(voice)', '개인정보(private data)', '낚시(fishing)'를 합성한 신조어로, 금융 분야에서 속임수나 거짓말로 타인의 재산을 자기 것으로 만드는 특수 사기범죄의 하나이다. 전화를 이용해 개인정보를 낚아 올린다는 의미에서 보이스 피싱으로 불리고 있다.

보이스 피싱은 2000년대 초반에 대만에서 시작되어 이후 중국, 일본, 한국, 싱가포르 등 주로 아시아 지역으로 확산하였다. 보이스 피싱은 사기범 혼자서 저지르는 단독 범죄가 아니라 본부와 콜센터(call center), 인출팀, 환전· 송금 팀, 계좌모집 팀 등의 네트워크를 이루어 움직이는 조직형· 지능형 범죄이다. 즉 대부분의 보이스 피싱 범죄자들은 해외에 콜센터를 설치하고 국제 조직으로 움직이며 복잡한 발신 경로로 사기 대상자에게 접근한다. 그리고 불법적으로 수집한 개인정보를 활용할 뿐만 아니라 송금 과정에서도 이른바 '대포통장'을 이용한다.

초기에는 금융지식이 부족하거나 정보력이 취약한 계층에서 주로 피해를 보았다. 그러나 사기 수법이 날로 진화하면서 이제는 연령, 직업, 계층과 상관없이 광범위하게 피해가 발생하고 있다. 최근에는 사기범이 미리 확보한 이름, 주민등록번호, 주소 등을 언급하거나, 정보유출과 해킹사고 등 사회적 이슈를 내세우며 치밀하게 접근하기 때문에 피싱 사기로 인한 피해 예방을 위해 각별한 주의가 필요하다.

또한, 소셜네트워크(SNS)의 발달과 더불어 사기 과정이 보이스 피싱과 유사하나 전화 대신 메신저를 이용해 피해자를 속이는 메신저 피싱도 나타났다. 그 대표적인 것이 문자메시지(SMS, Short Message Service)와 피싱(phishing)의 합성어인 '스미싱(Smishing)'이다. 이는 오해의 소지가 있는 문자메시지로 피해자를 속이는 사이버 공격이다. 갈수록 스미싱이 보이스 피싱을 능가하여 훨씬 더 빠르게 증가하고 있다.

그 수법은 먼저 메시지를 신뢰할 수 있는 사람이나 기관이 보냈다고 믿게 하고, 피해자에게 악용할 수 있는 정보나 모바일 기기 접속을 제공하는 조치를 하도록 설득하는 것이다. 즉 다른 사람의 인터넷 메신저 아이디와 비밀번호를 이용하여 로그인한 후, 이미 등록되어 있던 가족과 친구 등 지인에게 1:1 대화 또는 쪽지 등을 보내 치료비, 교통사고 합의금 등 긴급 자금을 요청하고, 이에 피해자가 속아 송금하면 이를 편취해 가는 것이다.

구체적인 사례를 들어보자. A는 검찰수사관을 사칭하는 자로부터 "검거한 범인이 A 명의의 계좌를 대포통장으로 사용하고 있어 금융감독원 직원이 계좌 안전조치를 해 줄 것"이라는 전화를 받았다. A는 계좌 및 예금 안전조치를 위해서 금융감독원에서 관리하는 '국가안전계좌'라고 속인 대포통장으로 돈을 입금하라는 사기범의 말을 믿고 예금액 1,000만 원을 송금하자 금융감독원 직원을 사칭한 사기범은 피해금 전액을 인출한 후 잠적했다.

파밍(Pharming)과 큐싱(Qshing)

'파밍(Pharming)'은 컴퓨터에 악성코드를 설치하고 은행사이트 접속 시 자신들이 개설해 놓은 사이트(site)로 강제로 접속되도록 한 뒤 보안카드 번호를 입력받아 돈을 빼가는 피싱 사기이다. 파밍의 경우에는, 사기범이 먼저 이용자의 컴퓨터를 악성코드에 감염시켜 호스트 파일이나 브라우저 메모리를 변조시킨다. 이후 컴퓨터 이용자가 인터넷 즐겨찾기나 포털사이트 검색을 통해 정상적인 금융회사 홈페이지로 접속하더라도 사기범들이 만들어 놓은 피싱 사이트(phishing site)에 강제로 연결되도록 하여, 이용자의 계좌 비밀번호와 보안카드 번호 등 금융거래 정보를 가로챈다. 그러고는 이 정보를 활용해 피해자의 금융계좌에서 돈을 빼가는 사기 수법이다.

이의 예방 방법은 보안 패치를 하고 백신을 설치하는 등 컴퓨터 관리를 잘하는 것이다. 그러나 이미 악성코드에 감염되었다면 V3, 알약 등은 백신 실행이 안 된다. 이 경우 시스템 복원으로 감염 전의 날짜로 돌려보거나, 안되면 포맷한 후 재설치해야 한다.

구체적인 파밍 사례를 들어보자. B는 평소처럼 인터넷을 이용하려고 포털사이트에 접속했다. 포털사이트 화면에는 안전한 금융거래를 위해 보안강화 인증 절차를 밟도록 안내하는 금융감독원 팝업창(pop-up窓)이 띄워져 있었다. B가 팝업창을 클릭하자 금융감독원 홈페이지를 모방한 피싱 사이트에 연결되었고, 이 사이트를 클릭하자 C 은행 홈페이지로 연결되었다.

연결된 금융감독원 팝업창과 C 은행 홈페이지는 모두 악성코드 감염을 통해 제작된 피싱 사이트였다. B는 보안승급을 위해 주민등록번호, 거래 은행명, 계좌번호, 보안카드 번호 전체, 계좌 비밀번호 등을 입력하였다. 이후 사기범 일당은 B의 정보를 이용해서 공인인증서를 재발급받고, 비밀번호를 변경한 후 3일에 걸쳐 1,000만 원을 찾아 도망갔다.

최근에는 QR코드 사용이 늘어나면서 '큐싱(Qshing)'이라는 신종 사기 수법도 나타나게 되었다. 큐싱은 QR코드와 피싱의 합성어로, 악성 링크가 포함된 가짜 모바일뱅킹 앱 설치 페이지로 연결되는 URL 주소 또는 QR코드를 보내 사용자가 해당 코드를 스캔하도록 유도하는 수법이다. 이렇게 되면 자신도 모르는 사이 소액결제 피해뿐만 아니라 공인인증서 재발급까지 이루어져 2차 피해로도 이어질 수 있다.

나아가 이제는 통장 협박의 수법까지도 나오고 있다. 이는 피해자의 파악된 계좌번호로 몇만 원에서 몇십만 원 정도의 금액을 미리 송금한 후, 해당 계좌를 사기용 통장으로 무고 신고를 하여 돈을 갈취하는 수법이다. 은행을 포함한 금융회사는 이의를 제기할 권한 자체가 없어 신고가 들어오면 즉시 해당 계좌를 포함한 모든 피해자 명의 계좌들의 인출 및 입금을 정지시킨다. 이 과정에서 다른 은행의 통장들도 모두 정지된다.

이후 사기범은 피해자에게 문자나 메신저를 통하여 "돈을 보내주면 신고를 취하하겠다"라는 식의 협박을 한다. 이 경우 피해자는 협박에 응하지 않을 수 없다. 이유는 한번 계좌가 정지되면 풀리게 될 때까지 빨라도 한 달 이상이 걸리기에 피해자는 그 기간에는 모든 계좌의 예금을 사용할 수 없게 되기 때문이다. 또 사기범의 통장은 당연히 대포통장이므로 추적하기도 어렵다.

다만, 2024년 8월부터는 「통신사기피해환급법」이 개정· 시행됨에 따라 지급정지 제도를 악용한 통장협박 피해가 구제될 수 있게 된다. 즉 협박문자 등 피해금 편취 의도가 없음을 소명하는 객관적인 자료를 가지고 금융회사에 이의를 제기하면, 피해금과 관련이 없는 부분은 신속한 지급정지 해제가 가능하게 된 것이다.

대표적인 피싱 수법

대표적인 피싱 수법을 보다 구체적으로 알아보자.

첫째, 법 집행 공공기관을 사칭한 전화와 문자발송이다. 검찰, 국세청 등 공공기관 담당자를 사칭해 범죄 피해를 보고 있다거나, 혹은 어떤 범죄에 연루되었다고 접근하여 개인 금융정보 및 금전을 요구한다. 위조 구속영장, 공무원증 등을 보여주기도 하니 주의해야 한다. 공공기관은 절대로 돈을 요구하거나 전화로 구속영장 등을 말하지 않는다.

둘째, 정부와 금융기관의 공지사항을 사칭한 문자발송이다. 정부와 금융기관에서 보내는 공지사항인 것처럼 문자를 발송해 피싱 사이트로 유도한 후 개인정보를 입력하게 하고 예금 등을 편취하는 수법이다. 주요 공지사항으로는 재난 안전 문자, 방역 문자, 지원금 신청, 간편 대출 신청, 정보유출 피해 확인 등이 있다. 그러나 정부· 지자체· 금융기관은 지원 절차 진행을 위한 앱 설치나 계좌이체를 요구하지 않는다.

셋째, 생활 민원 문자발송이다. 불법 주차 단속, 불편 민원 접수 등 생활 민원에 관한 허위문자를 보내 링크 클릭을 유도한 후, 스마트폰 소액결제 및 개인 금융 정보를 탈취하는 수법이다.

넷째, 가족과 지인을 사칭한 문자발송이다. 가족이나 친구, 친척, 지인이 보낸 문자를 사칭해서 개인 금융 정보를 물어보거나, 편의점이나 마트에 판매하는 온라인 상품권의 구매를 유도하여 일련번호를 요구하여 금전을 갈취하는 수법이다. 또한, 지인이 선물을 보낸 것처럼 문자를 보내 링크 클릭을 유도하기도 한다. 반드시 이런 문자가 오면 전화를 걸어 직접 통화를 해야 한다.

다섯째, 신상 유포 협박 문자발송이다. 최근 접속한 사이트(site)나 앱(app, application)을 통해 해킹했다면서 신상 정보 유포를 빌미로 금전을 요구하는 수법이다. 이제는 딥페이크 기술을 활용하여 가짜 합성 영상을 제작해서 협박하는 사례도 증가하고 있다. '딥페이크(deepfake)'란 인공지능을 기반으로 한 인간 이미지 합성 기술로, 특정 인물의 얼굴과 신체 부위를 다른 영상과 합성하여 만든 것을 뜻한다.

여섯째, 카드사 콜센터 ARS를 가장하거나, 카드 결제 승인 문자발송이다. 사기범은 카드사 콜센터 ARS를 가장하여 본인인증 등 명목으로 카드 비밀번호 앞 두 자리 입력을 요구한다. 그러고는 탈취한 카드 비밀번호 등을 이용하여 핸드폰을 개통한 후 핸드폰 본인인증을 통한 계좌

이체 등의 방법으로 자금을 편취한다. 또 고액의 결제가 승인되었다는 문자를 보내는 수법을 사용하기도 한다. 이런 문자를 받고 당황한 나머지 문의 전화를 걸게 되면, 사기범은 개인정보 등을 알아내고 아울러 현금을 이체하도록 유도하여 피해금을 편취한다.

일곱째, 해외결제 승인 문자메시지 발송이다. 사기범은 피해자에게 '해외결제 승인 완료'라는 문구가 기재된 문자메시지를 발송하여 전화 통화를 유도한다. 이후 피해자와 통화 시 쇼핑몰 직원을 사칭하여 구매내용 확인 및 명의도용 여부를 확인하기 위해서는 앱 설치가 필요하다며 핸드폰 원격조정 악성 앱을 피해자 핸드폰에 설치하게 유도한다. 그러고 나서는 핸드폰에 설치된 원격조정 앱을 통해 피해자의 개인정보를 탈취한 후, 비대면 대출이나 계좌이체 등으로 피해금을 편취하는 수법이다.

여덟째, 택배 배송 관련 문자발송이다. 주문 상품을 발송했거나 배송에 문제가 생겼다면서 링크 클릭을 유도하는 문자를 보내온다. 이 경우 절대 링크를 누르면 안 된다. 가짜 사이트로 연결해 개인정보를 빼가거나 휴대전화에 악성코드를 설치할 목적의 링크이기 때문이다. 배송에 대해 알고 싶으면 구매 사이트를 방문하고, 송장 번호를 알고 있다면 택배사 조회를 하면 확인이 가능하다.

피싱 사기 피해 방지 요령

이처럼 다양한 금융사기에 넘어가지 않으려면 아래와 같은 피해 예방 요령을 명심할 필요가 있다.

첫째, 공공기관이나 금융회사는 어떤 경우에도 금전의 이체를 요구하거나, 금융거래 정보를 수집하지 않는다는 사실을 기억해야 한다. 사기범이 공공기관이나 금융회사 직원을 사칭하거나, 또는 범죄사건 연루와 개인정보 유출 등의 이유로 접근하든 결국에는 금전을 요구하거나 계좌 비밀번호, 보안카드 번호 등 금융거래 정보를 요구한다. 따라서 낯선 사람으로부터 이러한 요구를 받게 되면 해당 기관의 공신력 있는 전화번호 등을 이용하여 반드시 사실 여부부터 확인해야 한다.

둘째, 전화 또는 문자메시지를 이용한 금전거래 및 대출광고에 응하지 않는다. 사기범 일당들이 보내온 매우 좋은 조건의 대출 알선 문자나 전화, 광고물에 현혹되지 말고 대출이 필요하면 반드시 정식 금융회사를 통해 상담받아야 한다. 정식 등록된 대출업체 여부는 금융감독원이나 한국대부금융협회를 통해서 확인할 수 있다.

셋째, 보안카드보다 안전성이 높은 보안 매체(OTP, One Time Password)를 이용한다. 은행용 OTP 단말기는 송금 시 보안을 강화하기 위해 무작위로 일회용 비밀번호를 생성하는 매체이다. OTP 단말기 내에는 고유한 인증번호를 만들어내는 생성기와 작은 시계가 내장되어 있어서, 사용자가 버튼을 누르면 작동시킨 시간에 맞추어 6자리의 인증번호가 생성된다. 사기범에게 속아 보안카드 번호 전부를 알려주는 경우 사기범이 무제한으로 정보를 이용해 피해를 줄 수 있다. 반면, OTP는 이러한 무제한의 피해는 예방할 수 있다.

넷째, 출처가 불분명한 파일이나 인터넷 주소가 포함된 이메일과 문자메시지는 절대 클릭(click)하지 말고 바로 삭제한다. 출처가 불분명한 파일이나 의심스러운 인터넷 주소가 포함된 이메일이나 문자메시지를 받았을 때, 해당 파일이나 인터넷 주소를 클릭하면 악성코드나 악성 앱에 감염될 확률이 높다. 이들 악성코드는 금융거래 시 파밍과 피싱 사이트 피해, 메모리 해킹 등을 일으키는 주요 원인이 된다. 따라서 클릭하지 말고 바로 삭제해야 한다. 만약 클릭하면 컴퓨터와 휴대전화 A/S 센터를 통해 반드시 치료하는 것이 바람직하다.

다섯째, 타인에게 절대 개인정보와 금융거래 정보를 알려 주어서는 안 된다. 주민등록번호, 주소, 통장이나 신분증 사본, 계좌번호 및 보안카드 번호, 문자메시지 인증번호 등 개인정보 및 금융거래 정보를 다른 사람에게 알려 주는 경우 전기통신금융사기 피해를 볼 확률이 높다. 또한, 통장 사본, 휴대전화 등을 대출권유 업체에 건네주는 경우 대포통장이나 대포폰으로 이용되어 본인도 모르게 범죄에 연루될 수 있으니 주의해야 한다.

여섯째, 거래은행 홈페이지를 통해 「전자금융사기 예방 서비스」에 가입할 필요가 있다. 이 경우 공인인증서를 발급받거나 인터넷뱅킹(Internet Banking)으로 하루 300만 원 이상 이체 시 미리 지정된 컴퓨터와 스마트폰 등의 단말기를 이용하게 하거나, SMS 인증이나 전화확인 등을 통해 추가 본인 확인을 하여 본인인증을 강화할 수 있다. 이렇게 함으로써 사기범이 타인 명의의 공인인증서를 발급받거나 인터넷뱅킹을 통해서 부정 이체하는 것을 예방할 수 있다.

마지막으로 평소 인터넷뱅킹 등을 자주 이용하는 경우 악성코드 탐지 및 제거 등 보안 점검을 생활화하는 것이 바람직하다. 본인의 컴퓨터나 스마트폰이 악성코드에 감염됐거나 의심되는 증상을 발견한 즉시 한국인터넷진흥원에 문의하거나, 컴퓨터 백신 프로그램을 이용하여 악성코드를 제거해야 한다.

전기통신금융사기 처벌과 피해구제

피싱 등 전기통신금융사기는 「형법」상의 사기죄가 적용되지만, 「전자금융거래법」 위반으로도 처벌을 받을 수 있다. 「전자금융거래법」 위반사례는 매우 다양하다. 접근 매체의 불법 양도 및 양수, 대포통장처럼 접근 매체의 불법 대여· 보관· 전달· 유통한 경우는 5년 이하의 징역 또는 3천만 원 이하의 벌금이 부과된다. 그리고 접근 매체의 위조와 변조, 위변조 및 분실· 도난된 접근 매체를 판매알선· 판매행위 등은 7년 이하의 징역 또는 5천만 원 이하의 벌금이 부과된다. 접근 매체에는 전자금융 거래에 있어서 거래지시를 하거나 이용자와 진실성, 정확성 확보를 하기 위해 사용되는 통장, 현금카드, 보안카드, 공인인증서, 신용카드 등이 포함된다.

한편, 피싱 사기의 정의를 규정하고 있는 「통신사기피해환급법」은 피해구제 절차도 마련해 두었다. 즉 피싱 피해자나 수사기관은 이 법에 의거 사기 이용 계좌의 지급정지와 피해 환급 절차를 신청할 수 있다. 절차에 따라 은행 등 금융사에 계좌 지급정지와 피해구제를 요청하면, 금융사가 채권소멸 절차를 개시해 피해환급금을 지급한다.

만약 피해자가 사기범에게 속아서 돈을 송금· 이체하였다면 사기범이 예금을 찾아 도망가지 못하도록 금융회사 콜센터 또는 경찰청에 전화하여 신속하게 계좌의 지급정지를 요청하는 것이 가장 중요하다. 신속한 계좌 지급정지로 피해금이 인출되지 않고 남아있는 경우 금융회사에 환급을 신청하여 피해금을 돌려받을 수 있다.

그리고 통장과 신용카드, 계좌 비밀번호를 분실· 대여· 양도한 경우 사기범이 통장과 카드를 범죄에 이용하지 못하도록 금융회사 콜센터에 신속히 이용정지를 요청해야 한다. 이용정지 조치를 하지 않아 대포통장이나 대포카드로 악용되면 계좌의 명의인으로 민· 형사 책임 및 다양한 금융거래 불이익이 따를 수 있다.

아울러 주민등록번호, 각종 신분증의 분실 등 개인정보가 노출되었으면 한국정보통신진흥협회의 명의도용방지 서비스에 가입하거나, 금융회사의 영업점 또는 금융감독원에 신고함으로써 개인정보 노출로 인한 금융사기 피해를 줄일 수 있다.

3장

건전한 금융 질서와 관행의 정착

신뢰 인프라의 구축

그라민은행의 신용대출

가난한 사람들을 위해 돈을 빌려주는 은행이 있다면 믿을 수 있겠는가? 그런데 이런 은행이 실제로 존재하고 있다. 바로 2006년 노벨 평화상을 수상한 방글라데시의 '그라민은행(Grameen Bank)'이다.

지난 25년 동안 세계에서 가장 가난한 나라 방글라데시에서 고리대금업자의 횡포에 시달리던 빈민들에게 담보 없이 79억 달러 이상을 빌려준 은행. 2,544개가 넘는 지점을 통해 780만 명이 넘는 고객에게 돈을 빌려준 곳. 고객 가운데 98%가 여성이고, 대출금 상환율은 98%로 J.P.모건체이스(J. P. Morgan Chase) 은행의 상환율과 비견할 만한 은행 등의 기록을 세우며 새로운 은행 역사를 써 내려가고 있다.

이 은행의 특징은 주로 사회적 약자인 여성들에게 담보 없이 소액을 단기대출해 준다는 것이다. 고객 대부분은 그 어디에서도 대출을 받을 수 없는 빈곤층이다. 하지만 자선사업이 아닌 이상 이들에게 돈을 갚겠다는 약속을 받아야 한다. 그래서 그라민은행이 주목한 지점은 바로 전통적 의미의 담보인 금전적 담보가 아닌 '신용'이라는 사회적 담보였다. 이것이 고리대금의 횡포에 시달리던 빈민을 위한 무담보 소액자금 대출 행위인 '마이크로 크레디트(microcredit)'의 시발점이다.

그라민은행에서 돈을 빌리려면 그 사람은 5명의 채무자로 구성된 모임과 이런 모임 8개가 모여 40명의 채무자로 구성되는 센터에 무조건 가입해야 하고, 일주일에 한 번씩 회의에 참석해야 한다. 구성원의 한 사람이 돈을 제때 갚지 못하면 구성원 전체가 앞으로 돈을 빌릴 수 없다. 이로 인해 자동으로 상호 감시가 되며, 서로가 돈을 갚아나갈 수 있도록 도와주는 조력자가 되는 것이다. 이 집단에서는 서로 간의 신용이 가장 중요한 자산이었다.

신용의 중요성을 역설하는 주요 사례들

이 '신용' 내지 '신뢰'의 중요성을 우선 역사적 사례를 통해 살펴보자. 프랑스 대혁명 당시의 일이다. 프랑스의 왕 루이 16세와 왕비 마리 앙투아네트가 시민혁명군에게 포위되었을 때 궁전을 마지막까지 지킨 것은 프랑스군이 아닌 스위스 용병이었다. 시민혁명군이 퇴각할 기회를 주었지만, 스위스 용병은 끝까지 왕과의 계약을 지키기 위해 싸우다가 장렬하게 전사했다. 당시 한 용병이 가족에게 보내려 했던 편지에는 이렇게 쓰여 있었다. "우리가 신용을 잃으면 후손들이 영원히 용병을 수행할 수 없기에 우리는 죽음으로 계약을 지키기로 했다."

이것이 오늘날까지 스위스 용병이 로마교황청의 경비를 담당하는 전통의 배경이다. 이 스위스 용병의 신화는 스위스 은행의 신화로 다시 이어졌다. 용병들이 피 흘려 번 돈을 관리하는 스위스 은행의 금고는 그야말로 목숨을 걸고 지켜야 하는 것으로 여겨졌다. 그 결과 오늘날 스위스 은행은 안전과 신용의 대명사가 되어있는 것이다.

사회심리학과 게임이론에서 많이 활용 중인 '죄수의 딜레마(prisoner's dilemma)'에서도 신뢰의 중요성을 엿볼 수 있다. 이는 두 사람의 협력적인 선택이 둘 모두에게 최선이지만, 자신의 이익만을 고려한 선택으로 인해 자신뿐만 아니라 상대방에게도 나쁜 결과를 초래하는 현상을 말한다. 즉, 두 공범자가 서로를 신뢰하고 협력해 범죄 사실을 숨기면 증거 불충분으로 두 사람 모두 형량이 낮아지는 최선의 결과를 누릴 수 있게 된다.

그러나 상대방을 믿지 못하는 상태에서는 상대방의 범죄 사실을 말해 주면 형량을 감해 준다는 수사관의 유혹에 빠져 상대방의 죄를 고발함으로써 둘 다 무거운 형량을 선고받게 된다. 대부분의 사람들은 자신의 이익만을 고려하여 '서로'가 아닌 '자신'에게 최선이라고 생각되는 것을 선택한다. 그래서 서로를 배신하지 않고 협조했을 때의 결과보다 나쁜 결과를 맞게 된다.

물론 이 '죄수의 딜레마' 이론은 게임이론에서 비롯되었지만, 사회적 현상에서 반면교사로 광범위하게 적용될 수 있을 것이다. 즉 어떤 딜레마 상황에 놓이게 되면 서로의 신뢰만이 상호 간에 최악의 결과에서 벗어날 수 있는 해결책이 된다는 점을 우회적으로 가르쳐 주고 있다.

미국의 프랜시스 후쿠야마 교수도 그의 유명한 저서 『신뢰(Trust)』를 통해 국가발전에 있어 신뢰의 중요성을 역설하였다. 그는 우리나라를 신뢰도가 낮은 국가로 분류하였다. 사실 우리는 이미 선진국을 능가하는 수준의 IT 인프라를 보유하고 있다는 평가를 받고 있다. 그러나 '신뢰 인프라'가 아직 제대로 구축되어있지 못한 탓으로 우리의 국가경쟁력은 여전히 선진국 수준에 미치지 못하고 있다.

현대 경제사회에서 국가경쟁력을 좌우하는 핵심적 투입요소는 지식과 기술이다. 그러나 이보다 더 중요한 기본적인 요소는 '사회적 신뢰'라 할 것이다. 이 사회적 신뢰 수준이 낮은 국가는 경제사회 문제를 효율적으로 해결할 수 없다. 고속도로나 통신망 등과 같은 물질적 인프라가 경제· 사회활동의 효율성을 높이는 것과 마찬가지로 사회적 신뢰는 사회구성원 간의 협력을 촉진하여 경제사회 문제해결의 효율성을 높이는 역할을 한다. 이러한 의미에서 사회적 신뢰는 '사회적 자본(social capital)'이라고 불린다.

사회적 자본이 부족한 사회는 기초가 부실한 건물과 같다. 신뢰의 부족으로 사회구성원들은 서로의 선의를 믿지 못하기 때문에 사회적 갈등이 증폭되기만 할 뿐 해결의 실마리를 찾지 못하는 것이다. 이처럼 신뢰부족은 사회적 갈등을 증폭시켜 국가적으로 엄청난 비용을 초래하고 있다. 정부가 국민의 신뢰를 얻지 못하면 사람들은 정부 발표나 전문가의 이야기보다도 인터넷에 떠도는 소문이나 근거 없는 주장에 더 귀를 기울이게 된다. 이로 인해 결국 경제를 포함한 국가 전체의 효율성과 경쟁력이 떨어지게 되는 것이다.

특히 금융은 신뢰를 기본으로 하는 비즈니스이다. 우리는 최근에도 고객의 정보가 대량 유출되는 사고나 거액의 부정대출 사건 등 금융의 신뢰가 흔들리는 현상을 적지 않게 경험하였다. 그런데 신뢰를 기반으로 하는 금융산업이 신뢰를 잃으면 금융거래 및 서비스가 위축되기 때문에 경제 전반에 부정적인 영향을 미치게 된다. 경제 전체가 마비될 수도 있다. 우리는 금융에 문제가 생기면 경제 전체가 어려워진다는 사실을, 이미 두 차례의 글로벌 금융위기라는 비싼 비용을 치르면서 교육받았다.

신용사회를 위협하는 모럴해저드

오늘날의 사회를 두고 흔히 '신용사회'라고 한다. 신용사회란 개인의 신용이 공정하고 정확하게 평가되고, 이를 바탕으로 거래가 투명하게 이루어지는 사회를 의미한다. 이 신용사회에서는 신용이 없으면 경제생활뿐만 아니라 일반적인 사회생활 자체가 불가능하게 된다. 그런데 이 신용사회에서의 신용이란 개인의 재산 유무를 떠나 신뢰 관계에 근거해 형성되는 사회적 신뢰이며, 그에 따른 책임을 동반한다. 이 사회적 신뢰가 부족한 사람들은 항상 자신들이 빠져나갈 구멍만 찾고 사회적인 책임을 회피하려 한다.

이처럼 법과 제도의 허점을 악용한 이익추구, 자기책임을 소홀히 하는 태도, 집단이기주의 등의 현상을 '모럴해저드'라고 하며 우리말로 '도덕적 해이'로 번역해서 쓴다. 원래 '모럴해저드(moral hazard)'는 미국 보험업계에서 나온 용어로, 정보를 가진 측이 정보를 가지지 못한 측의 이익에 반하는 행동을 취하는 경향을 말한다.

이러한 개념이 확장되어 지금은 개인이 당장의 편익을 좇아 행동함으로써 장기적인 손실을 초래하는 현상을 뜻한다. 예를 들어보자. 예금자의 경우 예금보호제도에 의해 원리금 상환이 보장되므로 이율이 높으면 경영이 위태롭게 보이는 은행에도 돈을 맡기는데 이를 예금자의 모럴해저드라 한다. 또 경영불안에 빠진 은행은 높은 이자를 주고 자금을 모은 만큼 다시 위험성이 높은 대출 상대에게 높은 금리로 융자해 주게 되는데 이를 금융기관의 모럴해저드라고 한다.

최근 일어난 ELS 등 파생상품 투자손실 이슈에서도 모럴해저드가 제기되었다. 주식이나 파생상품 등 예금이 아닌 투자상품의 경우 투자손실이 발생하면 자기 책임 원칙에 따라 당연히 자신이 감수해야 한다. 그러나 투자자들은 정부를 방패막이로 삼아 집단으로 반발하면서 손해배상을 요구하고 나섰다. 그중에는 오래전부터 리스크가 큰 고수익 상품투자로 상당한 규모의 수익을 본 사람들도 없지 않았다. 그들은 수익이 나면 오롯이 자신이 취하고, 손실이 나면 금융기관에 배상을 요구하는 이중적인 행태를 보인다.

우리 사회에서 '대마불사(too big to fail)'란 말이 통용되어왔다. 원래는 바

둑용어인데, 어느 쪽 돌이 큰 형세를 이루면서 연결되어 있으면 그 돌은 쉽사리 죽지 않는다는 뜻이다. 경제 측면에서는 기업이나 금융회사가 정상적인 기준으로 볼 때는 도산하는 것이 마땅하지만, 도산할 경우 경제사회에 미치는 부작용이 막대하기에 정부에서 구제금융 등을 통해 존속시키는 것을 말한다. 사실 그동안 기업과 금융회사들은 수익성과 관계없이 무작정 외형을 키우는 경향이 있었다. 여기에는 경쟁상대를 제압해서 시장을 차지하겠다는 의도가 깔려있었다. 또한, 덩치가 커지면 정부가 감히 어쩌지 못할 거라는 배짱심리도 작용했다.

이와 함께 '기업은 망해도 기업가는 망하지 않는다'는 좋지 않은 관행도 만연되어 있다. 이는 기업가가 기업활동에 전념하기보다는 자신의 사리사욕을 채우는 데 더 열을 올렸다는 것을 방증한다. 회사의 자산을 자신의 몫으로 별도로 챙겨두기도 한다. 잘못한 기업주나 경영주가 회사가 망하게 되었는데도 자기만 챙길 것 다 챙기는 것은 분명 심각한 도덕적 해이를 넘어서는 범죄행위라고 할 수 있다. 그런데 현실에는 이러한 관행이 버젓이 존재한다.

사회적 신뢰구축과 스마트 정부의 구현

우리가 살아가고 있는 이 신용사회에서 사회적 갈등을 극복하기 위해서는 서로 이해관계가 다를 수 있다는 점을 인정하고 자신과 이해관계를 달리하는 사회구성원을 존중하는 자세, 사회 전체의 이익을 위해 조금씩 양보하는 자세가 필요하다. 그리고 사회구성원 간의 신뢰구축이 필요하다. 사회적 신뢰는 사회구성원이 사회문제를 '우리의 문제'로 인식할 수 있게 하여 복잡한 사회적 갈등을 원만하게 해결할 수 있도록 하기 때문이다.

이와 함께 사회적 신뢰를 손상하는 행위에 대해서는 반드시 사회적 제재가 가해져야 한다. 예컨대 허위 공시, 허위 보고, 허위 보도, 위증에 대한 처벌이 강화되어야 한다. 그리고 언론의 잘못된 보도, 속칭 '찌라시'와 인터넷에서 떠도는 유언비어 등 '아니면 말고'라는 사고방식의 풍토도 바로잡아야 한다.

정부의 기능과 운영 시스템 역시 투명하고 효율적으로 변해야 한다. 정부의 일하는 방식과 대국민 서비스를 혁신하고, 국민의 참여를 촉진하는 스마트 정부가 되어야 한다는 것이다. '스마트 정부(Smart Government)'가 실현되면 국민의 의사가 행정에 제대로 반영되어 대의정치 실현이 가능하게 되며, 행정의 투명성도 높일 수 있을 것이다. 이를 통해 정경유착을 방지하고 지하경제를 와해시킬 수도 있을 것이다.

아울러 예산운영의 효율성도 기할 수 있게 된다. 예산의 낭비는 재정을 파탄 내는 주범 중의 하나이다. 그동안 각 지방정부에서는 경쟁적으로 도로, 스포츠시설, 그리고 공항시설을 유치하였다. 그러나 다수가 제대로 활용되지 못한 채 방치되거나 흉물로 전락할 위기에 놓여 있다. 만약 앞으로 스마트 재정시스템이 구축되어 운용된다면 이러한 예산 낭비 요소는 거의 사라질 것이다. 이는 예산이 할당되고, 그 예산이 누구를 통해서 언제, 어떤 명목으로 지출이 되었는지를 실시간으로 볼 수 있게 되는데 기인한다. 아울러 목적에 맞지 않는다면, 아예 지출 자체를 막아버리는 게 시스템적으로 가능해지기 때문이다.

한편, 일반 시민들도 신용사회 구현과 사회적 신뢰구축에 적극적으로 동참해야만 한다. 이를 위해 무엇보다도 기본과 원칙에 충실하고, 부정부패 없는 맑고 투명한 사회 분위기를 조성· 정착시키는 데 힘을 모아야 한다. 이것이 이행되지 않으면 선진사회가 아니라 오히려 뒷걸음쳐 나라가 망할 수도 있다.

금융실명제와 자금세탁방지 제도의 강화

금융 실명제도의 시행

우리나라는 투명한 금융거래를 위해 금융 실명제도를 도입해 운용하고 있다. '금융실명제'란 금융기관과의 거래 시 거래자의 실제 명의(실명)로 거래토록 하고, 거래의 비밀을 철저히 보장함으로써 금융거래의 투명성을 높이는 제도이다. 이를 통해 금융거래가 부정부패· 부조리와 연결되는 고리를 차단하고, 아울러 금융자산에 대한 종합과세가 가능하여 공평 과세를 이룩하는 데 그 뜻이 있었다. 나아가 지하경제 규모를 축소함으로써 국민경제의 건전한 발전을 도모할 수가 있다는 것이다.

우리나라가 처음 금융 실명제도를 도입한 것은 1993년 8월로, 당시에는 '대통령 긴급재정경제명령' 형식으로 운용되었다. 이후 1997년에는 「금융실명거래 및 비밀보장에 관한 법률(금융실명법)」을 제정하였다.

차명거래 금지를 위한 금융실명제의 강화

그러나 당시의 「금융실명법」은 금융기관에 대해서 거래 당사자가 본인임을 확인할 의무를 부과하고 있을 뿐, 금융실명제를 위반하여 타인의 이름으로 계좌를 개설한 사람은 따로 처벌하지 않고 있었다. 이처럼 차명거래에 대한 처벌이 미온적이어서 그동안 차명에 의한 거래가 광범위하게 이루어져 왔으며, 이로 인한 사회적 문제 또한 심각한 수준이었다.

대표적인 예가 대포통장이다. '대포통장'이란 제3자 명의를 불법 도용하여 실제 사용자와 명의자가 다른 통장이다. 명의를 도용해 제3자가 통장을 개설한 행위는 「금융실명법」 위반이지만, 발급된 통장 자체는 사용에 아무런 문제가 없는 상태이다. 이 때문에 대포통장인지 아닌지를 사전에 확인할 방법은 없다. 명의도용 사실이나 통장을 이용한 범죄 사실이 발각되어 해당 통장이 '대포통장'이라는 사실이 드러나기 전까지는 알기 어려웠다.

실제로 대포통장을 활용하여 다양한 범죄가 벌어졌다. 범죄자들이 범죄 후 자금 추적을 피하기 위한 용도로 대포통장을 활용하였기 때문이다. 예컨대 가짜 금융회사 사이트를 제작한 후 개인 금융 정보를 빼돌려 돈을 가로채거나, 저금리로 대출을 알선해 준다고 속인 후 수수료를 가로채는 금융사기, 납치 범죄 후 돈을 요구하는 경우 등에 활용됐다. 비자금 관리 수단으로도 자주 이용되었다.

대포통장 업자들은 주로 가출청소년, 노숙자, 신용불량자 등 당장 돈이 필요한 취약 계층을 이용해 대포통장을 개설하고 있다. 인터넷 게시판이나 가출 카페 등에는 "개인 · 법인 통장 매매합니다", "통장 사드립니다, 남녀노소 불문, 당일 입금" 등의 대포통장 매입 문구가 적잖이 올라와 있다.

이처럼 대포통장으로 인한 사회적 파장이 커지자 금융당국은 규제를 강화하였다. 우선 대포통장으로 사용할 수 있게 통장을 대여하거나 유통한 경우 「전자금융거래법」에 의거 5년 이하의 징역 또는 3천만 원 이하의 벌금을 부과하도록 했다. 또 2014년 11월에는 「금융실명법」 개정을 통해 차명거래를 금지하였다. 다만, 동창회나 친목 모임회비 관리용 통장 또는 가족 간의 차명거래는 예외적으로 허용되고 있으며, 또 고객들의 불편을 줄여주기 위해 비대면 실명확인 절차를 도입하였다.

이처럼 차명거래 규제를 강화했음에도 불구하고 대포통장은 여전히 활개를 치고 있다. 특히, 법에서 예외적으로 차명을 허용하고 있는 모임통장과 비대면 계좌 개설을 통한 대포통장이 늘어나고 있다. 사실 은행 영업점에서 계좌를 만들기가 생각처럼 간단하지는 않다. 신분확인은 물론 계좌를 만드는 목적, 수입원에 대한 증빙 과정이 필요하기 때문이다. 아울러 하나의 은행에서 계좌를 발급한 경우, 영업일 기준 20일 동안은 다른 은행에서 계좌 개설이 불가능하게 조치한 것도 번거로움을 가중하고 있다. 이는 물론 무분별하게 계좌를 만들어 이를 범죄조직에 판매해 대포통장으로 개설되는 경우를 막기 위한 데 기인한다.

반면, 모임통장의 경우 이러한 횟수 제한 없이 계좌를 개설할 수 있으며 또 많이 개설될 수 있다. 이에 범죄조직은 수사망을 피하면서 활용하기가 수월한 모임통장을 대포통장으로 악용하였다. 이와 함께 일반 계좌를 비대면으로 만들 수 있다는 점도 대포통장을 늘리는 요인으로 작용하고 있다. 비대면 계좌 개설의 경우 사용자의 신분증과 신용카드 정보 등 파악이 쉬운 개인정보 2가지 정도만 있으면, 은행을 직접 방문하지 않고도 인터넷을 통해 쉽게 계좌를 만들 수 있다는 점을 노린 것이다.

앞으로 금융 실명제도의 실효성을 거둘 수 있도록 하기 위해서는 관련 제도를 보완할 필요가 있다. 특히 대포통장 등을 이용한 불법 차명거래 차단을 위해서는 관련 법 규정들을 촘촘히 개선해 나가야 한다. 또 법 위반에 대한 벌칙을 한층 더 강화해야 한다. 아울러 비대면 실명확인 절차의 활성화에 따른 부작용을 완화하는 방안도 심도 있게 검토해 나가야만 할 것이다.

'자금세탁'의 개념과 내용

'자금세탁(Money Laundering)'이란 일반적으로 자금의 위법한 출처를 숨겨 적법한 것처럼 위장하는 과정을 뜻한다. 자금세탁의 목적은 통상 자금의 출처나 용도가 드러나지 않도록 하기 위한 것이다. 자금세탁의 방식은 다른 사람 이름으로 된 여러 금융기관 계좌로 자금을 옮기거나, 도중에 자주 거액을 현금으로 입출금하거나, 합법적인 자금과 뒤섞는 등 다양하게 활용되고 있다.

그중에서도 가장 전형적인 방식은 불법적으로 얻은 수입금을 가명으로 만든 계좌를 통해 은행에 입금한 다음 금융 비밀보장 제도를 갖춘 국가에 송금했다가 해외자금인 것처럼 가장해서 국내로 들여오는 방식으로 이뤄지고 있다. 자금세탁은 대부분 불법 비자금을 조성 및 은닉하거나 탈세를 위한 목적으로 쓰이고 있지만, 테러 자금으로 활용되기도 한다.

이와 같은 불법적인 자금세탁 행위를 예방하고 적발하기 위해 세계 각국은 자금세탁방지(Anti-Money Laundering, AML) 제도를 마련· 운용하고 있다. 이와 함께 검은돈의 흐름을 억제하기 위한 국제공조 체제를 강화해 나가고 있다. 우리나라도 2001년 11월, '금융정보분석원(FIU, Financial Intelligence Unit)'을 설치하여 자금세탁 방지 업무를 추진하고 있다. 그리고 제도를 구체적으로 뒷받침하기 위해 「특정 금융거래정보의 보고 및 이용 등에 관한 법률(특정 금융거래보고법, 특금법)」과 「범죄수익은닉의 규제 및 처벌 등에 관한 법률(범죄수익규제법)」을 제정· 운영하고 있다.

자금세탁 행위를 방지하기 위한 핵심적인 수단들을 담고 있는 「특정 금융거래 보고법」의 주요 내용은 다음과 같다.

첫째, 의심거래보고제도(STR, Suspicious Transaction Report)이다. 금융거래와 관련하여 수수한 재산이 불법재산이라고 의심되거나, 금융거래의 상대방이 자금세탁 행위· 공중협박자금조달 행위를 하고 있다고 의심되는 합당한 근거가 있는 경우, 이를 FIU에 보고해야 한다. 보고 대상은 금액에 상관없이 의심거래는 모두 다 보고해야 한다.

둘째, 고액현금거래보고제도(CTR, Currency Transaction Report)이다. 이는 1일 거래일 동안 1천만 원 이상의 현금을 입금하거나 출금한 경우, 거래자의 신원과 거래일시, 거래금액 등 객관적 사실을 전산시스템에 의해 자동으로 FIU에 보고하는 제도이다. 이처럼 고액현금보고제도가 자동으로 보고되는 데 비해, 의심거래보고제도는 금융기관의 자율적인 판단에 근거해 보고한다는 점에서 차이가 있다.

셋째, 고객확인제도(CDD, Customer Due Diligence)이다. 이는 금융회사가 고객과 거래할 때 고객의 성명과 실지 명의 이외에 주소, 연락처 등을 추가로 확인하는 제도이다. 이를 통해 차명거래가 의심되거나 자금세탁 행위 등의 우려가 있는 경우 실제 당사자인지 여부와 금융거래의 목적을 확인하게 된다.

가상자산의 자금세탁 방지

한편, 가상자산 거래가 늘어나고 이에 따른 사회적 파장이 커지자 금융당국은 2020년 「특정 금융거래보고법」을 개정하여 가상자산도 법 적용대상으로 포함하였다. 주요 내용은 첫째, 가상자산과 가상자산 사업자에 대한 정의를 명확히 규정하였다, 그동안 국내에서 암호화폐, 가상화폐, 가상통화 등 다양한 용어로 불리던 것이 가상자산으로 통일됐다. 가상자산 사업자에 대한 정의도 처음 내려졌다. 이에는 가상자산 거래소, 지갑 서비스 운영업체, 커스터디(custody) 업체, 전문 트레이더(trader) 등 사실상 가상자산 산업 모든 사업자가 포함된다.

둘째, 가상자산 사업자의 준수사항, 금융회사가 가상자산 사업자와 거래할 때 준수해야 할 의무 등을 담았다. 특히, 가상자산 사업자의 영업 신고 의무가 명시되었다. 신고를 받은 FIU는 일정한 요건을 갖춘 경우에만 수리하며, 신고 없이 영업한 경우 5년 이하의 징역 또는 5천만 원 이하의 벌금을 받게 된다. 신고 수리 요건 중 핵심은 실명확인 입출금계정 확보와 정보보호 관리체계 인증(ISMS) 획득이다. 이 밖에도 대표자가 범죄 경력이 없을 것 등을 요구하고 있다.

셋째, 가상자산 거래에도 자금세탁방지 의무를 부과하였다. 이에 따라 가상자산 거래 시에도 고객확인 의무가 부여됐다. 또, 고객의 자산과 사업자의 자산을 분리 보관해야 하는 것은 물론, 의심거래 발생 시 보고의무를 위해 고객별 거래 내역을 분리해 관리하도록 했다. 아울러 가상자산 사업자는 가상자산을 보내는 사람은 물론 받는 사람까지 파악하고, 정보 요청 시 제공해야 하는 자금이동규칙 이른바 '트래블룰(Travel Rule)'도 적용된다.

이와 함께 기존 금융회사도 가상자산 사업자와 거래할 경우, 사업자가 사업수행 요건을 갖추었는지를 확인할 의무를 부과했다. 또, 사업자가 FIU에 미신고하거나 자금세탁 위험이 특별히 크다고 판단될 때는 금융거래를 의무적으로 거절 또는 종료하도록 했다. 결과적으로 가상자산 사업자는 FIU와 금융회사에서 이중으로 신고의무 및 자금세탁방지 의무

이행을 확인받아야 하는 구조가 만들어졌다.

주지하는 바와 같이 가상자산이 불법 금융, 마약 거래 등 범죄의 통로가 되고 검은돈의 자금세탁 활용도로 커지고 있다. 이에 가상자산의 자금세탁 방지 노력을 앞으로 한층 더 강화해 나가야 한다. 무엇보다도 사업자 신고를 수리하기 위한 심사요건과 절차를 강화할 필요가 있다. 특히, 수리심사 요건에 대주주 적격성, 「특정 금융거래보고법」 위반 위험성 등을 추가해야 한다는 주장도 나오고 있다. 이는 가상자산사업자 신고를 수리받은 업체 중에서 고객자산의 출금을 막거나 상장폐지 대상이 된 업체들이 나오면서 비롯된다. 따라서 신고 심사 과정에서 업체의 운영 능력을 한층 더 엄격하게 들여다봐야 할 것이다.

이와 함께 2024년 7월부터 시행되는 「가상자산 이용자 보호 등에 관한 법률(가상자산법)」도 검은돈 청산과 금융사기 방지에 도움이 되는 방향으로 운용할 필요가 있다.

윤리경영과
내부통제 기능의 강화

윤리경영의 강화

'기업윤리'가 주요한 기업경쟁력으로 대두되고 있다. 이에 기업들은 저마다 윤리경영을 표방하고 나서고 있다. 미국의 저명한 비즈니스 잡지 『포천(Fortune)』지가 선정한 세계 500대 기업의 95% 이상이 윤리경영을 도입하고 있다는 조사결과도 있다. 윤리경영이란 회사경영 및 기업활동에 있어 기업윤리를 최우선 가치로 생각하며, 투명하고 공정하며 합리적인 업무수행을 추구하는 경영 정신이다.

이러한 배경에는 이익의 극대화가 기업의 목적이지만, 경영성과가 아무리 좋아도 기업에 대한 사회적 신뢰를 잃으면 결국 기업이 문을 닫을 수밖에 없다는 현실적인 상황을 바탕으로 한다. 다시 말해 기업이 윤리의식을 가지고 경영을 해나가지 않으면 사회적으로 커다란 저항에 직면하게 되고, 결과적으로는 그 기업에 더 큰 손실이 초래되기 때문이다. 나아가 기업이 비윤리적인 경영을 할 경우, 정부는 기업활동을 제한하는 새로운 규제를 부가할 가능성이 있는데 기인한다.

기업이 윤리경영을 통해 거두는 실익은 실로 다양하다. 우선 대외적인 기업 이미지 향상으로 브랜드 가치가 높아지고, 주주와 투자자, 소비자들로부터 신뢰를 확보하게 된다. 또 노사 간 신뢰를 바탕으로 하는 바람직한 노사문화를 형성하고, 종업원의 애사심과 주인의식을 고취시켜 생산성과 품질 향상을 가져오게 된다. 이와 함께 국내외 경영환경 변화에 따른 위험에 대비하고, 전반적인 기업경쟁력을 높일 수 있게 된다.

우리나라에서도 윤리경영 확산을 위해 노력 중이다. 1999년 2월, 전경련은 기업윤리강령을 발표하였다. 또 '사회적 책임투자 지수(SRI, Socially Responsible Investment Index)'라는 지수도 활용하고 있다. 사회적 책임투자란 도덕적인 기업, 투명한 기업, 환경친화적인 기업만을 투자 대상으로 삼는 것을 뜻한다. 그러나 이러한 외형적인 노력에도 불구하고 국민이 느끼는 우리 기업들의 윤리경영 수준은 대단히 낮은 편이다.

그러면 앞으로 우리나라 기업들이 윤리경영을 정착시키기 위해서는 어떻게 해야 할 것인가?

우선 무엇보다도 기업들이 탈세와 비자금 조성 등 불법적이며 음성적인 거래 관행에서 벗어나야 한다. 이러한 부정·불법행위를 저지르는 기업들은 소비자들로부터 신뢰를 잃고 외면당할 게 뻔하고, 기업 생명 또한 길게 유지될 수 없다. 이러한 행태는 국민이 기업을 신뢰하지 못하게 하는 결정적 이유가 되기 때문이다. 따라서 기업들은 기업 본연의 역할인 생산성 제고를 위한 투자 활동에 전념하여 세계 일류 제품을 만드는 데 매진해야 할 것이다.

이와 함께 글로벌 금융위기 이후 확산하고 있는 'ESG 경영'을 확고히 정착시켜야 한다. ESG 경영은 환경 문제, 사회적 불평등, 윤리적 운영의 필요성이 점점 더 중요해지면서, 기업의 지속가능성과 사회적 신뢰를 높이는 핵심 요소가 되었다. 'ESG'란 기업의 비재무적 요소인 환경(Environment), 사회(Social), 지배구조(Governance)를 뜻하는 말이다.

투자자들도 ESG 기준을 중시하며, 지속 가능한 투자를 선호하고 있다. 이는 바꾸어 말하면 투자자들이 투자를 결정할 때 특정 기업의 재무적 요소들과 함께 사회적· 윤리적 관점도 동시에 고려한다는 것이다. 다시 말해 기업의 재무적 성과만을 판단하던 전통적 방식과 달리, 장기적 관점에서 기업 가치와 지속가능성에 영향을 주는 환경· 사회· 지배구조 등의 비재무적 요소를 충분히 반영해서 투자 여부를 결정한다는 의미다. UN에서도 2006년 출범한 '유엔 책임투자원칙(UN PRI, Principles for Responsible Investment)'을 통해 ESG 이슈를 고려한 사회책임투자를 장려하고 있다.

유럽과 미국 등 일부 선진국의 경우 거래소 상장 규정에 비재무적 정보 공시를 제도화하고 있다. 우리나라도 2021년 1월, 2025년부터 자산총액 2조 원 이상 상장사, 2030년부터는 모든 코스피(Kospi) 상장사에 대해 ESG 공시 의무화를 발표하였다. 다만, 국제회계기준(IFRS)의 산하기관

ISSB가 만들고 있는 새로운 지속가능성 공시 기준의 확정이 늦어지면서 의무화 시점이 2026년 이후로 연기되었다.

내부통제 기능의 강화

내부통제란 영업의 효율성, 재무보고의 신뢰성, 법규 및 규정 준수 등 조직 목표를 효과적으로 달성하기 위해, 조직 자체적으로 제정하여 이사회와 임직원 등 전체 구성원들이 이행해야 하는 절차를 의미한다. 이것은 내부감사는 물론 통제환경의 구축, 위험평가 체제, 통제 활동, 정보와 전달체계 등 조직 전반에 대한 통제를 포괄하는 개념이다.

금융회사는 내부통제를 통해 회사 자산의 보전, 신뢰성 있는 재무보고 체계의 유지, 법규준수 등을 효과적으로 달성할 수 있다. 그리고 영업활동과 관련된 중요한 오류 및 일탈 행위의 가능성을 감소시키고, 오류 등이 실제로 발생하는 경우 이를 즉시 감지하여 시정조치를 취할 수 있다. 이 내부통제 제도가 제대로 작동하기 위해서는 통제환경, 리스크 평가, 통제 활동, 회계· 정보와 의사소통, 모니터링 등 5가지 기본적인 요소를 적절하게 갖추어야 한다.

흥미로운 사실은 부정을 막기 위한 내부통제 제도가 정비되어 있는지에 따라 실제로 발생한 부정금액의 차이가 컸다는 점이다. 대표적인 예가 순환보직으로, 순환보직이 있는 회사의 평균 부정금액과 그렇지 않은 회사의 부정금액 간의 차이는 두 배 이상으로 컸다. BNK경남은행 직원이 2007년부터 15년간 같은 부서에서 부동산 PF 업무를 수행하면서 약 3천억 원을 횡령한 사건은 순환보직의 중요성을 보여주는 단적인 사례다.

그동안 금융회사는 재무보고의 신뢰성 개선과 부정 위험 방지를 위해 여러 노력을 해왔다. 그러나 내부 직원의 개인적 부정과 일탈은 지속해 오고 있으며, 이로 인해 금융기관과 시장 전체의 신뢰성이 떨어지고 있는 것은 안타까운 일이다. 금융의 가장 중요한 Key word는 '신뢰(Trust)'이며, 날이 갈수록 금융회사의 평판은 더욱 중요해지고 있다. 따라서 금융기관은 최소한 내부통제 미흡으로 금융사고가 발생하는 일은 없을 것이라는 인식을 고객들에게 남겨야 할 책무가 있다.

이의 한 방편으로 「금융회사의 지배구조에 관한 법률」이 개정되어 2024년 7월부터 시행될 예정이다. 이에는 책무체계도 도입, 내부통제 관리의무 부여 등 금융권의 내부통제 제도를 개선하는 내용이 담겨 있다. 우선, 금융회사 임원은 소관 업무에 대해 내부통제 기준 및 위험관리 기준을 마련해야 한다. 또 이 기준이 적정하게 마련되었는지, 효과적으로 집행· 운영되고 있는지를 지속 점검하는 등 내부통제 관리의무를 수행해야 한다.

그리고 임원의 직책별로 책무 및 책무의 구체적인 내용을 기술한 문서인 '책무 기술서'와 임원의 직책별 책무를 도식화한 문서인 '책무체계도'를 작성하여야 한다. 특히, '책무체계도'는 책무의 배분이 특정 임원에게 편중되지 않도록 작성해야 한다. 아울러 이를 이사회 의결일로부터 7영업일 이내 금융당국에 제출해야 한다. 다만, 책무체계도 제출의무는 금융업권 자산총액에 따라 유예기간을 갖는다. 은행 및 금융지주사는 2024년 7월부터 시행되며, 자산총액 5조 원 이상인 증권사와 보험사들은 오는 2025년 7월까지 책무구조도 제출을 완료해야 한다.

이러한 법 개정 등 제도 개선 노력과 함께 내부통제를 위한 정보기술(IT) 시스템 투자도 한층 더 확대할 필요가 있다. 최근 디지털화가 가속화되면서 금융회사 대표도 회사 내용을 한눈에 파악하기 어려울 정도로 금융환경이 복잡하고 비가시적으로 변했다. 동시에 부정행위자의 능력도 고도화됐다. 하지만 부정을 예방하고 적발하기 위한 통제는 아직도 매뉴얼(manual) 승인 통제 수준에 머무르는 경우가 많다. 따라서 단순 반복적이고 시간이 많이 소요되며 인간의 실수로 발생할 수 있는 통제 영역을 자동 통제로 전환할 필요가 있다.

예를 들면, 시스템에서 자동 계산해 주거나 시스템에서 다운로드(download)한 데이터를 다른 시스템에 매뉴얼(manual)로 입력하는 대신, 자동으로 업로드(upload)하는 인터페이스(Interface)를 활용하는 것이다. 최근에는 부정 위험이 큰 영역에 대해 검증 로직을 개발해 업무 자동화(RPA, Robotic Process Automation)를 적용하는 사례가 늘고 있다.

금융감독 기능과 법 집행 강화

금융감독 기능의 강화 및 내실화

2008년 글로벌 금융위기에 이어 또다시 2023년에는 실리콘밸리은행(SVB, Silicon Valley Bank) 파산으로 촉발된 금융 불안 사태가 터지게 된다. 이들 금융위기의 발생은 여러 가지 요인이 복합적으로 작용하였지만, 시장 논리에 근거하여 고삐가 풀렸던 금융산업에 대한 규제와 느슨한 감독 기능도 주요한 원인으로 지목되었다. 이는 감독 기능이 제대로 수행되지 않으면 금융사고를 넘어 금융위기도 초래될 수 있다는 점을 일깨워주는 커다란 교훈이 되고 있다.

현재 우리나라 금융감독 기능을 수행하고 있는 기관은 금융감독원이다. 금융감독원은 1997년 제정된 「금융감독기구의 설치 등에 관한 법률」에 따라 설립된 특수법인이다. 그리고 소비자 보호 기능을 강화한다는 차원에서 2012년 금융감독원 산하에 설치된 준 독립기관인 '금융소비자보호처'는 금융소비자 피해 보상, 피해구제, 분쟁조정 등의 역할을 담당하고 있다.

금융감독 기능을 크게 구분하면 시스템 감독, 건전성 감독 그리고 영업행위 감독으로 구분할 수 있다. 시스템 감독은 경제 전반에 걸친 금융 혼란에 대비하여 금융시스템의 안정성을 확보하는 데 주력하는 것으로 건전성 및 영업행위 감독보다 큰 개념이다. 그리고 건전성 감독은 개별 금융회사 재무제표의 건전성, 자본 적정성 및 각종 건전성 지표를 통해 금융회사의 건전성을 감독하는 것이다. 또 영업행위 감독은 금융회사가 소비자들과의 거래에서 성실 및 공정한 영업 관행을 유지하고 있는지 감독하는 것으로 소비자 보호 측면에 중점을 둔 것이다. 사실상 금융시장과 금융기관에 가장 직접적이면서도 커다란 영향을 주는 기능이라 하겠다.

지금도 계속 늘어나고 있는 금융사고와 사기 행위를 줄이기 위해서는 금융감독 기능이 한층 더 보강되는 한편 내실화되어야만 한다. 아울러 예측 가능성과 법적 안정성이 확보되어야 한다. 이를 위한 금융감독 기능의 개편 방향은 다음과 같은 점을 고려할 필요가 있다.

첫째, 사전 감독 기능을 강화해야 한다. 현장검사 시 사후 처벌보다는 리스크 취약 요인을 개선토록 지도하는 등 금융사고의 사전 예방에 초점을 두어야 한다. 다시 말해 금융회사의 잠재 위험을 조기 포착해 선제적으로 대응해야 한다는 것이다. 이를 위해서는 시장 분석과 컨설팅 기능, 건전성 평가 기능, 그리고 금융사의 각종 리스크 요인을 신속하게 감지해 찾아내는 상시 감시기능을 강화해야 할 것이다.

둘째, 금융소비자 보호 기능을 한층 더 강화해야 한다. 이를 위해 금융상품의 설계, 제조 단계부터 판매와 사후관리 등 단계별로 정보를 입수· 분석하는 금융상품 모니터링 정보시스템을 구축해야 한다. 그리고 소비자 피해 발생 우려가 있는 금융상품은 약관의 제· 개정 및 심사 과정에서 걸러질 수 있도록 감독을 강화해야 한다. 아울러 과거 금융사고 발생 전에 나타난 징후를 분석해 실효성 있는 사고 예방기법도 마련할 필요가 있다.

셋째, 금융교육 기능도 강화되어야 한다. 금융교육은 금융소비자가 금융상품과 거래를 제대로 이해하고, 올바른 금융지식과 습관을 들여 합리적인 의사결정을 할 수 있도록 돕는 것이 목표이다. 요즘은 디지털 금융거래가 활발해졌고, 이전에는 보지 못했던 새로운 금융상품이 많이 등장하고 있다. 그러다 보니 금융 이용에 어려움을 느끼고 소외되는 사람들이 많아지고 있다. 이에 따라 발생할 수 있는 피해를 예방하기 위한 금융교육의 필요성이 더욱 강조되고 있다. 특히, 고령층과 다문화 가정 등 정보 취약 계층에 대한 교육이 강화되어야 한다.

넷째, 정보통신기술의 금융접목 현상이 심화되는 추세에 맞춰 디지털 금융감독과 데이터 분석 관련 기능을 확대해야 한다. 한 예로 자본시장 불공정거래 조사업무의 효율성 제고를 위해 미국· 영국· 일본처럼 감독

당국에 통신 조회권을 부여하는 방안을 검토할 필요가 있다. 이는 다수 계좌가 관여되는 시세조종 연계성 및 내부자거래의 정보 전달경로를 파악하려면 통신정보가 필수적이며, 통신정보 활용 시 인적 연계성 파악이 가능해져 불공정거래 혐의자 적발에 효과적이기 때문이다. 다만, 사생활 침해 가능성과 절차적 적법성 확보 필요성을 고려해 법원의 허가를 받아 권한을 행사토록 하는 것이 바람직할 것이다.

이와 함께 불공정거래 억제 행위와 재범방지를 위해 불공정거래행위 내역과 행위자에 대한 정보공개 강화도 전향적으로 검토할 필요가 있다. 현재 우리는 개인의 사생활 침해를 이유로 제한적인 정보만 공개하고 있다. 반면, 영국을 포함한 해외 주요국들은 투자자 보호에 방점을 두고 불공정거래 행위자의 실명이 포함된 불공정거래행위 제재 내역을 공개하고 있다.

금융사기범 처벌에 대한 국내외 주요 사례

미국이나 영국 등 금융 선진국의 경우 금융 사기죄에 대해서는 사실상 종신형까지 선고할 만큼 엄벌주의와 무관용 원칙을 고수한다. 미국에서 약 650억 달러 규모의 다단계 금융사기를 벌인 버나드 메이도프는 법원에서 징역 150년형과 함께 벌금 1,700억 달러와 부동산 및 차량· 보트 등 전 재산에 대한 권리를 포기하라는 명령도 선고받았다.

맨해튼 연방 검찰은 메이도프가 증권사기, 투자자문 사기, 돈세탁, 편지· 전화 사기, 허위 문서, 위증 등 11개 혐의를 저질렀다고 보고 형을 병과해 징역 150년을 구형했다. 메이도프의 변호사는 징역 12년형을 주장하며 맞섰지만 결국 150년형이 확정됐다. 메이도프는 법원 재판에서 "다단계를 처음 시작했을 때만 해도 이것이 빨리 끝나고 스스로도 해방될 수 있을 줄 알았는데, 알고 보니 그것은 불가능했고 이날이 오고야 말았다."라고 진술했다.

이후 그는 2009년부터 복역하던 중 2021년 83세를 일기로 교도소 병원에서 사망했다. 특히, 그가 죽기 얼마 전인 2020년에 말기 신장 질환을 앓고 있다는 이유로 가석방을 요청했지만, 법원은 피해자들의 고통이 끝나지 않았다며 이를 기각하였다. 더 불행한 사실은 그의 사기 행각이 죄 없는 가족들까지도 비참한 몰락의 구렁텅이로 몰아넣었다는 것이다. 가족에 대한 수사가 이어지자 장남인 마크는 사람들의 비난을 견디다 못해 아버지가 체포된 지 정확히 2년 뒤인 2010년 스스로 목숨을 끊었고, 차남 앤드루는 2014년 지병으로 세상을 떠났다.

참고로 메이도프의 투자금을 관리했던 미국의 JP Morgan 은행도 금융당국으로부터 수조 원에 달하는 천문학적인 벌금을 부과받았다. 이는 JP Morgan 은행이 메이도프의 자금이 제대로 투자에 사용되지 않고 있었던 것을 알고 있었음에도 범행을 방조했다는 이유에 기인한다.

또 2024년 3월, 고객 자금 수십억 달러를 빼돌린 혐의 등으로 기소된 가상화폐 거래소 FTX의 창업자 샘 뱅크먼 프리드(Sam Bankman-Fried)에 대해 뉴욕 맨해튼 연방 검찰은 징역 40~50년 형을 구형했다. 검찰은 법원에 제출한 문서에서 "최근 몇 년간 그의 삶은 타의 추종을 불허하는 탐욕과 자만심, 야망과 합리화, 그리고 타인의 돈으로 도박을 반복한 삶이었다."라며 구형했다. 이후 법원은 징역 25년의 형을 선고했고, 아울러 110억 2천만 달러의 재산 몰수도 명령했다.

2024년 4월, 베트남 사상 최대규모의 금융사기를 저지른 부동산재벌이 횡령과 뇌물, 은행법 규정 위반 등 혐의로 사형선고를 받았다. 베트남 호찌민 인민 법원 판사는 "피고의 행동은 개인의 재산 관리권을 침해했을 뿐 아니라 사이공 상업은행(SCB)을 특별관리 상태로 몰아가 당과 국가의 지도력에 대한 국민 신뢰를 훼손했다"라며 양형 이유를 설명했다.

부동산 개발회사 반팃 팟 홀딩스(VTP)의 쯔엉미란 회장은 화장품 장사로 시작해서 재벌로 성장했다. 그녀는 1,000개가 넘는 유령회사를 세워 2012년부터 10년간 사이공 상업은행으로부터 대출을 받았다. 이렇게 빼돌린 돈이 304조 동, 우리나라 돈으로 약 16조 원에 이른다. 이는 베트남 GDP의 약 3%에 달하는 액수다. 또한, 란 회장은 자신의 범죄를 감추기 위해 금융감독 당국자들에게 뇌물로 520만 달러를 뿌리기도 했다.

권도형 대표의 범죄인 인도 관련 소송

암호화폐 '루나-테라' 폭락사태를 일으킨 권도형 전 테라폼랩스 대표의 범죄인 인도 관련 소송은 국제사회 간의 형량 비교를 하는 데 좋은 사례가 된다. 권 대표는 미국과 한국 양 국가에서 사기 등의 혐의로 고발당한 상황이다.

미국은 이미 재판이 진행되고 있다. 미국 증권거래위원회(SEC)는 권 대표가 투자자들에게 최소 400억 달러(약 55조 원) 규모 손해를 끼쳤다며, 권 대표와 테라폼랩스를 상대로 거액의 징벌적 배상금을 부과하고 불법 이익을 환수해야 한다는 요지의 민사소송 제기와 함께 2023년 2월에는 형사 고발도 취했다. 이에 미국 뉴욕 검찰은 2023년 3월, 권 대표를 증권사기, 통신망을 이용한 사기, 상품 사기, 시세조종 공모 등 총 8개 혐의로 기소해 놓은 상태이다. 이후 2024년 4월에는 민사소송 배심원단들이 SEC의 주장을 받아들여 사태의 책임이 권 대표에게 있다는 결론을 내렸다. 이는 앞으로의 형사 재판에도 영향을 미칠 것으로 예견된다.

한국에서도 검찰이 '루나-테라' 폭락사태가 발생한 직후인 2022년 5월경부터 조사를 시작해 2023년 4월에는 권 대표와 테라폼랩스를 정식으로 기소하였다. 기소 사유는 테라폼랩스 측의 주장은 실현될 수 없는 허구에 불과했고, 회사 대표와 관련자들도 원천적으로 프로젝트가 불가능하다는 점을 알고 있었다는 판단 아래 이루어졌다.

한편, 권 대표는 폭락사태가 발생하기 직전인 2022년 4월경부터 해외 도피를 시작하였다. 싱가포르를 시작으로 아랍에미리트 등을 거쳐 몬테네그로에 들렀다가 현지에서 위조 여권이 발각돼 붙잡혔다. 몬테네그로에서 권 대표의 범죄인 인도까지는 결정됐지만, 문제는 그가 어디로 향하느냐는 것이다. 이후 권 대표의 최종 송환지를 두고 치열한 법정 다툼이 벌어졌다.

2024년 3월, 몬테네그로 고등법원은 권 대표를 미국이 아닌 한국으로 송환하라고 결정했다. 이는 미국행을 결정한 원심판결을 뒤집은 것이다. 그러나 대검찰청은 이에 다시 불복해 대법원에 적법성 여부 판단을 요청했다. 이후 2024년 4월, 몬테네그로 대법원은 한국 송환 결정을 무효로 하고 사건을 원심으로 돌려보냈다. 그러자 이번에는 항소법원이 제동을 걸면서 기존 고등법원의 판결이 유효하다고 주장하고 있다. 이런 엇갈린 판결과 주장 속에 권 대표는 아직도 현지에 구금되어있는 상태이다.

권 대표의 한국 송환은 '루나-테라' 사태를 지켜보는 전 세계 투자자들로서는 우려하는 선택지이다. 한국은 미국에 비해 경제범죄 형량이 낮을 뿐 아니라, 암호화폐가 아직은 증권상품으로 인정되지 않아 「자본시장법과 금융투자업에 관한 법률(자본시장법)」 적용이 가능할지부터 불분명하기 때문이다. 테라와 루나가 증권으로 인정되지 않으면 권 대표를 처벌할 법적 근거가 사라지게 돼 무죄 판결을 받을 가능성도 없지 않다.

「자본시장법」상 혐의를 적용하지 못하면 사실상 「특정경제범죄 가중처벌 등에 관한 법률(특경법)」의 사기로 죄를 물어야 한다. 그런데, 「특경법」의 사기는 이득액이 한 피해자당 50억 원 이상일 경우에만 무기 또는 5년 이상 징역 선고가 가능하다. 그러나 '루나'는 소액만 투자한 개인투자자가 많은 가상자산으로, 이 조건에 해당하기는 사실상 힘들다. 또 사기죄를 적용하려면 권 대표가 고의로 피해자를 일일이 속인 것이 인정돼야 한다. 하지만 '루나'는 피해자가 매우 많은 데다, 일반 가상자산 거래소에 상장돼 누구나 거래할 수 있는 코인이었으므로 이 점 역시 인정되기 어려울 수가 있다.

설령 사기죄 등이 인정되어 처벌을 받는다 하더라도 형량이 무겁지 않을 가능성이 크다. 이는 우리나라 「형법」상 여러 죄를 한꺼번에 저질렀을 경우 가장 큰 형량에 2분의 1을 더하는 가중주의가 원칙이고, 더욱이 가중한 형량에도 최대 50년이라는 상한선이 있기 때문이다. 또 「자본시장법」이나 「특경법」이 인정될 경우 무기징역 선고도 가능하지만, 실제 선고된 사례는 없다. 그 결과 우리나라 역사상 금융사기범에 대한 최고 형량은 40년이었다.

반면, 미국은 개별 범죄마다 형을 매겨 합산하는 병과주의를 채택하기에 100년 이상의 징역형이 가능하다. 또 가상자산에 증권성이 있다는 판단이 이미 SEC와 법원에 의해 내려진 상태이다. 이런 사유로 권 대표의 변호인단은 권 대표를 미국이 아닌 한국으로 인도하기 위해 많은 공을 들이고 있다.

엄정한 법 집행 강화 필요성

사기범죄에 대한 억제력 강화를 위해서는 처벌수위를 선진국 수준으로 대폭 강화할 필요가 있다. 즉 우리나라도 사기를 치면 패가망신 당한다는 걸 분명히 보여주어야 한다. 우리는 그동안 사기죄에 대한 솜방망이 처벌이 일상화되어 있었다. 우리나라 형법상 사기죄는 10년 이하의 징역, 2,000만 원 이하의 벌금을 규정하고 있다. 그러나 현실은 길어야 4~5년가량의 징역형에 그친다. 더욱이 징역형의 집행유예가 나오는 경우도 많다. 이와 함께 법관 기피, 공판 연기, 위헌법률 심판, 보석 신청 등 최근 한국 법정에서 유행하는 다양한 재판 지연 전술이 등장할 수도 있다. 1년쯤 지나면 보석이 불가피해지고, 불구속 상태에서 재판은 한정 없이 늘어질 수도 있다.

여기에 우리나라는 금전적 처벌도 약하다. 가령, 주가조작 범죄의 경우 부당이득을 산정해내지 못하면 5억 원 이하의 벌금에 그칠 가능성이 커진다. 이는 주가를 움직이는 변수가 많아 주가조작으로 벌어들인 돈이라는 걸 입증하기가 어렵기 때문이다. 이에 일각에서는 “사기 쳐서 목돈부터 챙긴 뒤 감옥살이 좀 하다가 나와도 이득”이란 얘기마저 나오고 있다. 이처럼 사기죄에 대한 솜방망이 처벌이 사기죄 발생과 사기 재범 급증 등 악순환을 낳고 있다.

물론 우리나라도 최근 들어서는 사기죄에 대한 처벌 법 적용이 점차 엄격해지는 추세에 있다. 2023년 2월, 라임 사태의 주범인 김봉현 대표에 대한 1심 판결에서 법원은 30년을 선고하였다. 이는 살인 이외의 혐의로 30년 이상을 선고받은 두 번째 사례였다. 연이어 2024년에 있었던 옵티머스 사태에 대한 최종판결에서는 주범 김재현 대표에게 40년을 선고하였다. 이는 사기범에 대한 역사상 가장 높은 형량이었다.

2024년 1월, 대법원은 사모펀드 사기를 통해 투자자들에게 5,600억 원 규모의 손실을 입힌 김재현 전 옵티머스자산운용 대표에게 징역 40년과 벌금 5억 원, 추징금 751억 7,500만 원을 선고하였다. 관련 죄목은 「특경법」 위반죄, 「형법」의 사기, 「자본시장법」 위반죄 등이다. 또 이와는 별개로 횡령 혐의로 추가 기소된 재판에서 징역 3년이 선고되었다. 이에 따라 김 대표는 가석방이 없을 시 총합 43년을 복역해야 한다.

또 대법원은 2024년 하반기부터는 2011년 설정· 시행된 이후 수정 없이 유지되어 온 사기범죄 양형기준을 상향할 계획을 발표하였다. 이처럼 사기에 대한 처벌수위가 점차 높아지고 있기는 하나, 아직도 여전히 미국이나 중국 등 외국에 비해서는 크게 낮은 수준의 처벌이라는 비판을 면치 못하고 있다. 그 결과 우리나라는 아직도 사기 공화국이라는 비아냥 섞인 오명에서 벗어나지 못하고 있다.

'투기'가 아닌 '투자'가 되어야 한다

사람이 경제생활을 영위해나가는 데 있어 투자행위는 불가피하다. 투자하는 이유는 사람마다 다르겠지만, 모두 안정되고 윤택한 가정생활과 사회활동을 해나가기 위해서라는 공통분모를 가지고 있다.

투자가 불가피한 시대를 살고 있다

날이 갈수록 미래에 대한 불확실성이 커지면서 노후생활을 좀 더 안락하게 보내려는 목적에서 사람들은 이런저런 종류의 투자를 하게 된다. 이제 우리는 투자행위를 전혀 하지 않거나 혹은 잘못된 투자를 할 경우 커다란 낭패를 보는 그러한 시대를 살고 있다. 그런데 간혹 이 투자가 도를 넘어 투기로 변해 말썽을 낳고 있다. 이는 개인 차원에서뿐만 아니라 국가를 넘어 글로벌 사회에서도 마찬가지다.

2008년 글로벌 금융위기가 터지자 당시 금융권 지배세력에 불만을 품은 군중들은 '월가를 점령하라!(Occupy Wall Street!)'는 기치를 내걸고 봉기했다. 그들은 대기업과 금융자본의 탐욕, 사회 부조리 시정을 위하여 가진 자들이 솔선수범할 것을 강력히 요구하였다. 또 시장 논리에 근거하여 고삐가 풀렸던 금융산업에 대한 규제를 강화하고 대기업의 탐욕과 투기행위를 억제하는 적극적인 정책을 펴라고 요구했다. 나아가 이들은 금융권의 탐욕과 투기가 사람들의 윤리의식을 병들게 했을 뿐만 아니라 양극화를 초래해 사회공동체를 피폐화시켰다면서, 자신과 돈밖에 모르는 천민자본주의를 종식하고 새로운 자본주의를 열어갈 것을 주장하였다.

사회 통념상 투자는 정상적인 방법처럼 느껴지고, 투기는 사기 또는 도박처럼 인식되어 있다. 사전적으로는 '투자 (investment)'는 생산활동과 관련된 자본재의 총량을 유지하거나 증가시키는 활동을 일컫는다. 반면, '투기(speculation)'는 생산활동과 관계없이 이익추구만을 목적으로 자산을 사고파는 행위를 뜻한다. 『국부론(The Wealth of Nations)』의 저자 아담 스미스(Adam Smith)도 이렇게 말했다. "투자는 상품을 사용해서 얻는 이득을 보고 거래를 하는 것이고, 투기는 구매하는 상품의 가격상승을 바라고 그 매매 차익을 위하여 거래하는 것이다."

자본주의 시장경제에서는 투자와 투기 둘 다 시장조성을 위해서 꼭 필요하다. 예를 들어 모든 주택 소유자가 장기간 투자의 목적으로 보유만 하고 있다면 주택시장 자체가 형성될 수 없다. 주식시장에서도 단기 수익을 바라지 않고 모든 투자자가 장기수익만을 바라고 보유한다면 주식거래가 이루어질 수 없다. 이처럼 투자나 투기 모두 이익을 추구하는 관점에서 보면 다를 게 없으며, 시장이 굴러가는 데 필요한 행위들이다. 어느 것이 옳고 그른 것을 확정지어 말하기도 매우 어렵다.

생산적이고 합리적인 '투자' vs 탐욕과 위험이 가득한 '투기'

그러나 이 양자 사이에 다음과 같은 분명한 차이점은 존재한다.

첫째, 자금을 운용하는 목적에서 차이가 있다. 일반적으로 투자는 실제 경제활동의 필요성에 의해 이뤄지지만, 투기는 가격이 오르내리는 차이에서 오는 이득을 챙기는 것을 목적으로 한다. 따라서 부동산을 구입할 때 그곳에 공장을 지어 상품을 생산할 목적을 지닌 경우는 투자가 될 수 있지만, 부동산가격의 인상만을 노려 일정 기간 후에 이익을 남기고 다시 팔려는 목적을 가진 경우에는 부동산투기 행위가 된다고 볼 수 있다. 이 부동산투기로 인한 폐해는 너무나 크다. 집값을 상승시켜 서민들의 부담을 가중하고 성실하게 일하는 사람들의 일할 의욕을 상실케 할 뿐만 아니라, 결국은 우리 경제사회 전체를 나락으로 빠지게 한다는 것이다.

둘째, 이익을 추구하는 방법에서도 차이가 있다. 투자는 생산활동을 통한 이익을 추구하지만, 투기는 생산활동과 관계없는 이익을 추구한다.

즉 투자를 통해서는 재화나 서비스가 생산되고 고용이 창출되는 등 경제활동이 이루어지면서 다양한 부가가치가 만들어진다. 시간이 지나면서 애초 투자의 가치가 커져 자본이익도 함께 발생한다. 하지만 투기는 생산활동과는 관계없이 가격변동에 따른 이득추구만이 목적이기 때문에 부가가치가 거의 발생하지 않는다.

셋째, 투자와 투기는 제공되는 정보의 질에 현저한 차이가 있다. 투자에는 전문지식을 기반으로 다양하고 합리적인 정보들이 제공되지만, 투기는 질적으로 낮은 정보에 의존하는 경우가 많다. 투자는 정확한 데이터를 기반으로 미래를 예측하고 효용을 끌어내는 활동이다. 이에 비해 투기는 구체적이고 신뢰할 만한 데이터가 아닌 소위 '카더라'라는 추측성 정보에 의존하는 것이 대부분이기 때문에 특히 주의를 기울여야 한다.

넷째, 투자는 리스크(risk) 관리가 가능하지만, 투기는 리스크 관리가 잘 되지 않는 경우가 많다. 투자는 어떤 목적 달성을 목표로 합리적 판단을 위한 정보수집과 분석 등을 통해 위험을 줄이는 것이 가능하다. 하지만 투기는 쉽게 한 방을 노리는 마음으로 운에 맡기는 경우가 일반적이다. 이에 투기는 큰 불확실성이 따르게 되며, 결국 누군가는 마지막에 손해를 볼 수밖에 없는 구조를 갖는 경우가 대부분이다.

이 밖에 자산운용의 규모가 매우 크거나 혹은 빚을 내어 투자하는 경우 등도 투기에 해당한다. 또 시간상으로 장기적 수익을 기대하면 투자이지만, 단기적 수익을 노리고 돈을 굴린다면 투기라 할 수 있을 것이다. 적법성 여부에 따라 합법이면 투자, 불법이거나 혹은 법적으로는 문제가 없어도 도덕적인 문제가 있고 사회에 악영향을 준다면 투기로 여겨지고 있다.

'투기'가 아닌 '투자'가 되어야 한다

이렇게 볼 때 투자와 투기의 차이란 결국 욕심과 리스크 관리가 되느냐 안 되느냐의 차이라 볼 수 있다. 쉽게 더 많이 벌고 싶은 욕심에 눈이 멀게 되면 무리를 하거나 불법도 하게 되며 사기 유혹에도 쉽게 넘어가게 된다. 또 평소에는 하지 않던 이상한 유형의 투자도 시도하게 되면서 투기가 된다. 그리하여 돌이킬 수 없는 탐욕의 강을 건너게 되는 것이다.

아무리 합법적이고 좋은 투자라 하더라도 리스크 관리가 되지 않고 욕심에 눈이 멀어 무리수를 두게 된다면 투기가 될 수밖에 없을 것이다. 이런 투기는 투자자 자신을 파괴할 뿐만 아니라 우리 사회에도 결코 도움이 되지 않는다. 따라서 탐욕의 노예가 되어 스스로를 파괴하는 투기보다는 합법적이고 안전하며 건전한 투자 습관을 지니도록 노력해야 할 것이다.

투자와 투기는 이처럼 돈을 투자하는 자세가 확연히 다르기에 결과도 완전히 다른 형태로 나타난다. 투자목적이 불분명하고 고수익만 노리는 투기는 위험 종목에 투자할 가능성이 크므로 낭패를 볼 확률이 높다. 반면, 투자목적이나 투자 기간 등이 명확한 투자는 그에 걸맞게 운용함에 따라 위험 종목에 투자할 가능성이 작아 실패할 위험도 그만큼 낮다.

우리가 성공적인 투자를 하기 위해서는 먼저 사전에 자신의 연간소득, 지출, 자산 상황, 현금흐름 등을 꼼꼼히 따져본 이후 투자목적과 기간을 계획해야 한다. 그러고는 적절한 투자상품을 선택해야 한다. 다시 말해 "무작정 열심히 투자해서 큰돈을 벌어야 한다."가 아니라, "언제까지 어느 정도의 자금을 마련하겠다."라는 식의 구체적인 계획이 필요하다는 것이다.

그렇지 않으면 운이 좋아 어느 시기에 큰돈을 벌었다 치더라도 정작 꼭 돈이 필요한 시점에는 돈을 확보하지 못해 낭패를 당하게 될 우려가 있다. 또 투자가 아닌 투기로 흐르게 될 공산이 크다. 더욱이 욕심을 부려 빚을 내어 투자했다가는 자칫하면 빚더미에 올라앉게 될 수도 있다.

『프로테스탄트 윤리와 자본주의 정신』의 저자 막스 베버(Max Weber)는 자본주의가 발전하기 위한 근원적인 동력은 근면과 성실, 시간을 헛되이 보내지 않는 청교도적 사상에 있다고 강조하였다. 그는 또 자본가든 노동자든 일할 수 있는 신성함에 감사하고, 탐욕을 버리고 근면과 성실함을 더해 자본주의의 가치를 높여야 한다고 말했다. 이는 투기가 아닌 투자를 하라는 경고이기도 하다.

자기책임 원칙에 기반한 합리적 투자전략

투자에서 수익은 언제나 옳고, 그 결과는 아름답다. 그러나 모든 투자에는 수익만이 발생하는 것이 아니라는 사실을 분명히 알고 있어야 한다. 아울러 투자자의 수익과 손실은 본인에게 귀속된다는 점도 명심해야 한다. 우리가 아주 잘 알고 있는 사실이지만 실제로 투자하다 보면 쉽게 잊어버리는 경고성 이야기가 있다. 다름 아닌 "모든 투자의 수익과 손실은 투자자 본인에게 귀속된다."라는 말이다. 이를 투자의 자기책임 원칙이라고 한다.

자기책임의 원칙

원래 '자기책임 원칙'이란 일반 개인은 자신의 행위로 인한 결과를 다른 사람에게 귀속시키거나 전가할 수 없고, 스스로 감수해야 한다는 의

미이다. 이는 인간의 자유로운 의사를 전제로 인간의 행위에 과실이 있으면 그에 상응하는 책임을 부담해야 한다는 과실책임의 원칙에서 유래하였다.

이를 투자영역에 적용하면 금융상품을 거래하는 투자자는 투자 대상 금융상품의 개념과 내용, 손익구조, 투자 위험성을 신중히 검토한 다음 투자 여부를 결정해야 하며, 투자 결정에 대해서는 본인이 책임을 져야 한다는 의미로 해석할 수 있을 것이다. 물론 투자자 재산 상실의 주된 책임이 상대방에게 있는 경우, 금융회사가 투자자 보호 의무를 위반했다고 인정될 경우 등에는 이 원칙이 적용되지 않는다.

이 자기책임 원칙은 모든 투자상품의 거래와 투자영역에 적용된다. 우선, 투자자가 주식, 채권 등 증권을 직접 사고파는 경우 발행기업의 공시자료나 재무제표, 언론 보도 내용 등을 종합적으로 고려하여 투자를 신중히 결정해야 한다. 이때 금융회사에서 제공하는 조사분석 자료는 참고자료로 활용하되, 가능한 한 여러 금융회사의 자료를 살펴보아야 한다.

나아가 금융회사 임직원 등으로부터 권유를 받아 투자하는 경우, 그리고 집합투자업자가 운용하는 펀드에 가입하거나 투자일임업자에게 투자를 일임하는 간접투자의 경우에도 이 원칙은 적용된다. 금융회사는 일반 투자자보다 상대적으로 금융상품에 전문적 지식을 가지고 있으므로 투자자는 금융회사의 투자 권유 내용을 신뢰할 수 있을 것이다. 그러나 투자결과는 투자자가 스스로 감당해야 하는 만큼 투자 권유 내용에 지나치게 의존해서는 안 된다.

KIKO 사태, DLF 사태와 홍콩H지수 ELS 사태 등을 통해 자기책임 원칙을 알아보자. 투자자들은 조기상환 등으로 이익이 발생할 때는 이를 즐기며 침묵해 왔다. 반면, 대규모 손실이 발생하자, 금융회사의 불완전판매 행위에 당했다면서 손실보상을 주장하고 있다. 그러나 자기책임 원칙이라는 논리적 측면에서는 이를 그대로 다 받아들이기 어렵다.

물론 금융회사 직원이 원금손실 발생 가능성에 대한 설명을 충분히 하지 않은 것은 분명 잘못이다. 그러나 본인의 소중한 돈을 투자하는데 상품을 제대로 알아보지 않은 것도 잘못이다. 금융당국은 이런 점을 감안하여 최종 보상기준을 마련하였다. 즉 금융회사의 불완전판매책임과 투자자의 자기책임을 비교 형량하여 보상비율을 결정하되, 판매자나 투자자 일방의 책임만 인정될 수 있는 여지도 남겨놨다.

대법원도 이러한 견지를 취하고 있다. 대법원은 2013년 9월, KIKO 사태 소송에 대한 최종판결에서 "KIKO가 환 헤지 목적의 정상상품이므로 은행이 상품에 대해 충분히 설명한 경우 피해 책임은 원칙적으로 가입자가 져야 하고, KIKO는 불공정거래행위가 아니다."라고 판시하였다. 이는 투자 대상 상품이 고도의 전문지식을 요구하는 장외 파생상품인 경우에도 투자자는 그 내용과 위험성을 정확하게 이해해야 자기 책임을 준수하는 것이라는 취지라 하겠다.

결국, 이유가 어떻게 되었든 금융상품 투자선택에 대한 최종 책임은 투자자 자신에게 있다. 다른 누군가가 대신 책임지지 않는다. 따라서 본인의 소중한 돈을 투자할 때는 투자상품이 정확히 어떤 시스템으로 돌아가는지, 과거의 성과는 물론 미래의 기대수익과 성과가 어떻게 나타날지 등에 대해 종합적으로 공부하고 생각해 봐야 한다. 다시 말해 투자자는 투자에 필요한 정보를 체계적으로 면밀하게 분석하여 수익성은 물론 원본 손실 가능성도 충분히 인식하고 있어야 한다는 것이다.

합리적인 투자 및 자산관리 전략

그러면 이와 같은 자기책임 원칙의 기반 아래 어떤 전략을 가지고 투자와 자산관리를 해야 하는지를 보다 구체적으로 살펴보자.

첫째, 투자상품에 대한 포트폴리오를 적절히 설계하는 것이 가장 기본이 되는 전략이자 전술이라 하겠다. '포트폴리오(portfolio)'란 위험을 줄이고 투자수익을 극대화하기 위해 여러 종목에 분산투자하는 방법을 말한다. 쉽게 말하면 주식, 사채, 현금, 상품, 부동산 등의 자산에 투자비율을 설정하는 계획을 의미한다. 투자할 때 너무 한 곳에만 집중하게 되면 실패할 위험성도 그만큼 커진다. 따라서 투자 성공의 비결은 어떻게 더 잘 나누느냐에 달려 있다고 해도 과언이 아니다. 이 포트폴리오를 설계할 때는 개인과 시장의 상황도 반드시 고려해야만 한다.

성공률이 높은 포트폴리오가 되기 위해서는 자신만의 투자원칙을 가지고 목표수익률과 감당할 수 있는 위험 정도를 정한 후, 이에 맞게 포트폴리오를 구성하는 것이 바람직하다. 그래도 포트폴리오 설계에 대한 자신이 생기지 않는다면, '100-나이 법칙'을 활용해 보는 것도 좋다. 이는

100에서 나이를 뺀 만큼의 비율은 수익성이 높은 상품에 공격적으로 투자하고, 나머지는 위험성이 낮은 상품에 안정적으로 투자하는 방식을 뜻한다.

예를 들어 40대 투자자라면 60%(100-40)를 주식형 펀드에 넣고, 나머지 40%는 안정적인 채권형 펀드에 넣는다. 반대로 60대의 투자자라면 40%(100-60)를 주식형 펀드에 넣고, 나머지 60%는 채권형 펀드에 넣는 포트폴리오를 설계하면 된다. 한마디로 젊을수록 수익성 위주의 자산에 편중시키고, 나이가 들수록 공격적인 자산을 줄이는 대신 안전자산의 비중을 높이는 전략을 세우는 것이 바람직하다는 뜻이다.

둘째, 금융상품 투자의 경우 투자목적과 기간이 장기투자인지 단기투자인지를 잘 인식하고 판단해서 투자해야 한다. 금융상품을 고를 때에는 돈을 지출해야 할 때를 만기로 맞추어 선택해야 할 것이다. 가령 6개월 뒤에 아파트 중도금을 치러야 할 돈을 1년 정기예금과 같은 금융상품에 투입하는 것은 잘못된 것이다.

투자 기간별 상품 선택 요령을 좀 더 구체적으로 알아보자. 우선, 1년 이내의 단기자금은 수익률보다는 안정성과 유동성을 고려해 위험이 적은 상품을 택하는 것이 적합하다. MMF, RP, CMA 등을 통해 운용하는 것이 바람직하며, 또 투자 위험을 고려하여 한곳에 집중투자를 하는 것보다 분산투자가 더 유리하다.

다음으로 중기 목적자금은 내 집 마련이나 자녀학자금 등 비교적 장기간 투자를 목적으로 하므로, 다소 공격적인 수익형 상품으로 운용하는 것이 바람직하다. 그러나 목돈을 일시에 투자하는 거치식 투자일 경우에는 원금손실의 위험에 대비해야 한다. 따라서 지나치게 공격적인 투자보다는 투자 위험을 제한하면서도 비교적 높은 투자수익을 기대할 수 있는 상품에 가입하는 것이 좋다.

한편, 장기 목적자금은 노후대비를 위한 자금이므로 소득공제나 비과세 혜택이 있는 장기상품이 바람직하다. 갈수록 평균수명은 늘어나는 데 비해 경제활동이 가능한 기간은 늘어나지 않고 있어 노후를 위한 투자와 자산관리에 신중해야 한다. 이런 목적에 부합하는 금융상품은 장기 연금저축이나 보험상품 등이라 하겠다.

셋째, 안정성과 수익성에 대한 균형을 잘 살려야 한다. 이는 결국 '리스크 관리와 포트폴리오 설계를 어떻게 하느냐'라는 투자전략의 문제로 귀결된다. 따라서 안정적인 확정금리형 상품과 위험성과 수익률이 동시에 높은 투자형 상품을 적절히 배분하여 선택하는 것이 바람직하다. 다만, 수익률 비교는 세후 실효수익률을 기준으로 해야 한다. 각 금융기관에서는 다양한 형태로 이자율이나 수익률을 제시하고 있으나, 보통 판매상품이 유리해 보이도록 제시하는 경우가 많다. 단순히 수익률이 높다고 해서 선택하기보다는 세후 실효수익률로 바꾸어서 판단해야 한다.

그런데 이와 같은 여러 가지의 투자전략들도 실제 자산관리 활동에 도움이 되겠지만, 무엇보다 중요한 투자원칙은 과욕을 버리고 정도(正道)를 택하는 것이다. 다시 말해 탐욕적인 투기가 아닌 정상적인 투자를 해야 한다는 것이다. 그래야만 위험을 줄이고 제대로 된 성과를 거두는 합리적인 자산관리가 될 것이다. 그 결과 꼭 필요한 시기에 또 꼭 필요한 용도에 거둬들인 수익금을 활용할 수가 있을 것이다. 아울러 국가 경제에도 도움을 주게 될 것이다.